QUESTIONS

SUR LA LÉGISLATION ACTUELLE

DE

LA PRESSE EN FRANCE,

ET

SUR LA DOCTRINE DU MINISTÈRE PUBLIC.

DE L'IMPRIMERIE DE RENAUDIERE,
RUE DES PROUVAIRES, N°. 16.

Faute essentielle à corriger.

Page 69, ligne 26, toute conviction, *lisez :* toute invective.

QUESTIONS

SUR LA LÉGISLATION ACTUELLE

DE

LA PRESSE EN FRANCE,

ET

SUR LA DOCTRINE DU MINISTÈRE PUBLIC,

RELATIVEMENT A LA SAISIE DES ÉCRITS, ET A LA RESPONSABILITÉ DES AUTEURS ET IMPRIMEURS,

PAR M. BENJAMIN DE CONSTANT.

Illi inter sese vicissim brachia tollunt.

A PARIS,

CHEZ LES MARCHANDS DE NOUVEAUTÉS.

1817.

QUESTIONS

SUR

LA LÉGISLATION ACTUELLE

DE LA PRESSE EN FRANCE,

ET

SUR LA DOCTRINE DU MINISTÈRE PUBLIC,

Relativement à la saisie des Écrits, et à la responsabilité des Auteurs et Imprimeurs.

I.

De l'intention manifestée par le Gouvernement, en présentant la loi relative à la saisie des Écrits, et de la conviction énoncée par les deux Chambres, en adoptant cette loi.

Le 20 juillet 1815, une ordonnance royale a déclaré qn'il était reconnu « que la restric-» tion apportée à la liberté de la presse, par

» la loi du 21 octobre 1814 (restriction qui sou- » mettait à la censure les ouvrages de moins » de vingt feuilles), présentait plus d'incon- » véniens que d'avantages, et que cette res- » triction était levée. »

Le 7 décembre 1816, M. le Ministre de la police a présenté un projet « tendant à garantir » et à consolider cette précieuse liberté de la » presse, que la Charte consacre, qui doit » éclairer de son flambeau le Gouvernement » comme la Nation, et dont les abus mêmes » ne pourront désormais être réprimés que par » les tribunaux, gardiens de tous les droits, » aussi bien que protecteurs de l'ordre public, » du repos des familles, et de l'honneur des » citoyens (1). »

Ce projet était destiné, d'après le rapport du même ministre, « non à changer la législa- » tion pénale sur la presse, législation suffisante, » disait Son Excellence, contre les abus et les » délits, mais à donner à l'exercice raisonnable » et légal de cette liberté une garantie néces- » saire, parce que les dispositions de l'article 15 » du titre II de la loi du 21 octobre 1814 pou-

---

(1) Moniteur du 8 décembre 1816.

» vaient la compromettre, ou du moins dimi-
» nuer la sécurité dont elle a besoin. »

En conséquence, une nouvelle suite de formalités relatives à la saisie des livres, et au jugement des livres saisis, a été prescrite par le projet, dans l'intention formellement exprimée de favoriser la liberté de la presse.

En proposant le même jour une loi, qui soumettait les journaux à l'autorité, M. le ministre de la police a dit « qu'il ne résulterait point de
» ce droit accordé au Gouvernement, la destruc-
» tion de la liberté des discussions publiques....
» parce que les écrits de tout genre, les pam-
» phlets, les réclamations des citoyens, paraî-
» traient sans obstacle, circuleraient avec li-
» berté, et sous la responsabilité légale de leurs
» auteurs. Certes, a-t-il ajouté, nous ne saurions
» penser que, sous un tel régime, la presse puisse
» être ou paraître esclave. »

Son Excellence a, dans le même discours, rappelé que, sous Bonaparte, « on aurait en vain
» demandé aux ouvrages et aux pamphlets de
» publier des vérités et des réclamations que
» les journaux refusaient d'accueillir, mais
» qu'aujourd'hui mille portes étaient ouvertes
» aux opinions, aux réclamations; que les droits
» publics, solennellement reconnus et réelle-

» ment exercés, se soutenaient et se défendaient » l'un l'autre. »

Lors de la discussion du projet, un amendement ayant été proposé, M. le ministre de la police y a consenti, « parce qu'il était favorable » à la partie saisie, et que ce but était celui de » la loi. »

Le 18 janvier, dans le rapport fait à la chambre des députés, sur les restrictions à imposer aux journaux, le rapporteur a fait ressortir, avec beaucoup de force, les nouvelles garanties données à la liberté des livres. « La liberté de la » presse existera, plus entière, plus absolue, » a-t-il dit, que sous l'empire de la loi du 21 » octobre 1814. Le jour où les ministres abu- » seraient de leur autorité sur les journaux, la » liberté de la presse, dont nous jouissons pour » tous les autres ouvrages, ne serait pas un vain » secours : et les plaintes respectueuses de la » Nation, arrivant de toutes parts aux pieds du » trône, y feraient pâlir des ministres prévari- » cateurs (1). »

Le 20 janvier, la discussion s'étant ouverte, tous les défenseurs des projets proposés par les

(1) Moniteur du 19 janvier 1817.

ministres, se sont, comme le rapporteur, appuyés de la liberté assurée aux livres, pour faire admettre, avec moins de peine, la dépendance des journaux.

Je choisis au hasard quelques-uns de leurs discours, que je ne citerai pas tous, parce que telle était la force de leur conviction, qu'ils ont presque tous exprimé les mêmes idées dans les mêmes mots.

« Un simple citoyen, a dit M. Duvergier de » Hauranne, a conçu des idées qu'il croit utiles » de publier : il est libre de le faire. Il voit des » abus. Il a été commis une injustice à son » égard.... par un préfet, par un ministre.... » Il dénonce au public ce préfet, ce ministre, » cet abus, cette injustice. Voilà la liberté dont » nous jouissons et *dont nous allons jouir plus* » *que jamais*. Il n'est pas à craindre que l'abus » que feraient les ministres de leur puissance et » les fautes qu'ils commettraient soient igno» rées (1). »

M. Becquey, commissaire du Roi, a établi « que la liberté de la presse était hors d'intérêt » dans la question des journaux, puisque chacun

(1) Moniteur du 20 janvier 1817.

» pouvait publier ses opinions avec une entière
» liberté ; que rien de ce qui était écarté des
» journaux ne serait empêché de paraître sous
» toute autre forme ; que l'auteur qui imprime-
» rait son livre ou sa brochure devait jouir de
» la liberté la plus absolue, et que les Français
» seraient toujours libres, parce que tous les
» écrits pourraient être publiés (1). »

M. Courvoisier a parlé de même. « Tout
» est libre, a-t-il dit, à l'exception des jour-
» naux (2).

» Graces au souverain qui, dans sa charte,
» a consacré la liberté de la presse, *les auteurs*
» *en jouissent pleinement aujourd'hui. Ils*
» *trouvent encore une nouvelle garantie de ce*
» *bienfait dans le projèt de loi sur la forme de*
» *procéder à l'égard des écrits saisis.* » Telles
ont été les paroles du commissaire du Roi,
M. de la Malle (3).

» Serait-il juste, s'est écrié M. Camille Jor-
» dan, de séparer la loi qui nous est présentée
» sur les journaux, de celle qui l'a précédée sur

---

(1) Moniteur du 28 janvier 1817.

(2) *Id.* du 29.

(3) *Id.* du 30.

» les écrits? Si le gouvernement entreprenait de » cacher la vérité dans les journaux, de l'altérer » ou de la combattre, n'en doutons pas, on la » verrait soudain chassée de ces feuilles légères, » se réfugier dans des écrits plus solides. Du » sein de ce brillant exil, elle éleverait une voix » accusatrice. Elle lui reprocherait sa dissimula- » tion ou son mensonge. Il n'aurait recueilli que » la honte d'un inutile artifice. Le Gouverne- » ment, par la liberté des écrits, s'est presque » réduit à ne pouvoir abuser des journaux (1). »

Enfin, M. le comte de Cazes, dans sa réplique, a réitéré sa déclaration « que le Roi avait » voulu accorder aux écrits toute latitude (2). »

Les mêmes assurances ont été données à la chambre des pairs.

M. le ministre de la police, en y portant le projet de loi, le 11 février, a dit : « Qu'affran- » chir les écrits ordinaires de toute censure, » c'était rendre aux citoyens l'exercice du droit » de publier leurs opinions individuellement ; » que ce droit n'inspirait aucune crainte aux mi- » nistres ; qu'il était consacré par la charte, et

---

(1) Moniteur du 30 janvier 1817.

(2) *Id.* du 31.

» que, loin de songer à le restreindre, le Roi, » dans sa sollicitude, avait voulu lui donner » plus de garanties (1). »

Le rapporteur (2) a fait ressortir la différence qui sépare les journaux des livres. « Le Gouver- » nement propose, a-t-il observé, de rendre » absolue la liberté de ceux-ci (3). »

Les pairs qui ont soutenu le projet relatif aux journaux ont affirmé : « Que loin que le prin- » cipe constitutionnel de la liberté de la presse » fût attaqué, l'unique exception qu'on y pro- » posait en était au contraire la plus solennelle » reconnaissance, puisque tous les écrits, hors » les journaux, pourraient être librement pu- » bliés (3); » et M. le comte de Cazes a fait une quatrième profession de foi, aussi libérale qu'explicite, en se plaignant, avec tout le sentiment d'une bonne intention méconnue, de ce que l'un de ses adversaires « paraissant croire » que le ministère cherchait à donner le chan- » ge, et supposant que la loi discutée avait un

---

(1) Moniteur du 18 février 1817.

(2) M. de Malleville, Moniteur du 26 février 1817.

(3) Moniteur du 3 mars.

(4) *Idem.*

» autre but que celui qu'elle présentait, n'avait
» vu qu'un piége dans un bienfait (1).

J'ai puisé ces citations dans le journal officiel: je les ai multipliées, pour rendre plus incontestables les vérités qui en découlent.

Il en résulte, que la loi proposée dans la dernière session, relativement à la presse, a été présentée par le ministère, comme un adoucissement à la législation existante; que les ministres ont déclaré qu'ils voulaient que la presse fût plus libre, les auteurs plus en sûreté qu'ils ne l'étaient précédemment; qu'ils se sont appuyés de l'augmentation de liberté accordée aux livres, pour obtenir de sévères restrictions à l'égard des journaux; que les orateurs qui ont parlé dans le sens ministériel ont professé la même doctrine; qu'on peut regarder leurs discours comme ayant essentiellement contribué à l'adoption de la loi, et par conséquent comme ayant été, aux yeux des deux chambres, des engagemens qu'ils prenaient au nom du Gouvernement, engagemens d'autant plus formels et irrécusables, que plusieurs d'entre eux n'étaient pas simplement pairs ou députés, mais ministres ou commissaires du Roi,

---

(1) Moniteur du 3 mars 1817.

et parlaient officiellement en cette qualité; enfin, qu'après les débats des chambres et les réponses des dépositaires de l'autorité, la France a dû penser que la liberté de la presse était plus assurée et mieux garantie qu'auparavant.

I I.

De la doctrine et de la pratique de MM. les avocats du Roi près le tribunal de police correctionnelle et la cour royale, dans les causes relatives aux écrits saisis.

L'intention du Roi a donc été que la presse fût libre. La conviction des chambres, en adoptant les lois proposées par les ministres, a été qu'elle le serait, sauf une exception unique et passagère qui ne porte que sur les journaux. La Nation qui, depuis vingt-cinq ans, n'a cessé d'exprimer son vœu unanime à cet égard, a dû croire ce vœu satisfait.

Maintenant deux procès viennent d'être intentés à des écrivains, en vertu de la loi préservatrice de la liberté de la presse. Ce fait n'a rien qui m'effraie. Nul homme sensé ne dispute la nécessité et la justice de l'action des tribunaux sur les écrivains. Non-seulement les procès en calomnie, intentés, à tort ou à raison, sont et doivent être une conséquence inévitable et prévue de la libre publication des écrits : car tout individu qui se croit calomnié a droit, à ses risques et périls, de réclamer une réparation, sauf à supporter les inconvéniens de sa demande, si elle est mal fondée ; mais il faut aussi que la sédition puisse être réprimée, et que les invitations à la sédition puissent être punies.

Dans les procès dont il est question, des doctrines ont été établies, qui, si elles sont admises, auront, pour l'avenir, une grande influence. MM. les avocats du Roi ont mis en avant des maximes qui forment une jurisprudence nouvelle : car c'est sur-tout dans la législation de la presse que s'introduira naturellement la jurisprudence des traditions, des arrêts, et de ce que les Anglais nomment *Precedents*. Tout ce qui a rapport aux écrits se décidera et devra se décider beaucoup plus par des considérations morales que par la lettre de la loi. Les tribunaux, appelés à prononcer sur ces matières, s'appuieront nécessairement sur l'autorité des décisions antérieures. Ces décisions leur serviront de règles dans des affaires souvent fort délicates, fort compliquées, et sur lesquelles d'ici à quelque temps le défaut d'expérience se fera péniblement sentir aux juges et aux jurés, si enfin les jurés sont établis dans ces causes, comme il faut qu'ils le soient, sous peine de rendre toutes les garanties illusoires. Nos premiers pas, dans cette carrière, où aucune route n'est encore frayée, en marqueront une, qui, bonne ou mauvaise, droite ou tortueuse, nous tracera malgré nous notre marche à venir.

Il est donc utile, il est urgent que la jurisprudence dont MM. les avocats du Roi ont posé les bases, soit examinée. Si elle est d'accord avec les discours des ministres, et avec les principes émis dans les deux chambres par les orateurs ministériels, l'intention annoncée par le Gouvernement est remplie. Si, au contraire, cette jurisprudence est subversive de toute liberté de la presse, s'il en résulte qu'aucun écrivain ne peut écrire une ligne, ni défendre ce qu'il a écrit, sans encourir des peines sévères; si, tandis que les ministres ont déclaré, en présentant la loi, que la liberté de la presse était le flambeau du Gouvernement, les organes de l'autorité, en appliquant la loi, étouffent cette liberté, il est clair, ou que la loi n'atteint pas le but que les ministres s'étaient proposé, ou que les magistrats se trompent dans l'application qu'ils font de la loi.

Soit qu'on adopte ou l'une ou l'autre de ces hypothèses, toujours est-il nécessaire de les examiner. Si la première se trouve fondée, les inquiétudes que la poursuite et l'issue des deux procès qui viennent d'avoir lieu ont causées, à tort, à beaucoup de personnes, se calmeront, et nous pourrons nous livrer à toute notre reconnaissance pour le ministère; et si, par hasard, la seconde hypothèse s'était réalisée, ce serait à la fois un hommage, et si le mot n'est pas trop présomptueux, un service à rendre aux ministres, que de leur montrer que, malgré la réplique éloquente et profondément sentie de l'un d'eux, ce qu'il a déclaré ne pouvoir pas arriver, arrive, que la loi qu'il a fait adopter a, je ne dis pas un autre but, mais un autre effet que celui qu'elle promettait d'avoir, et que le bienfait, quoiqu'il ne soit certainement pas un piége dans l'intention de ses auteurs, a pourtant les inconvéniens d'un piége. Alors ces ministres éclairés et amis du bien imprimeront sans doute aux agens de l'autorité une autre direction; et les magistrats qui parlent au nom du Roi, ne se tromperont plus sur sa volonté, manifestée aux chambres et à la France.

Les deux écrivains dont la poursuite et la condamnation font l'objet des réflexions qu'on va lire, me sont parfaitement étrangers. Je ne les ai rencontrés nulle part ; j'ignore quelles sont leurs relations privées, et je ne me suis point informé de leurs principes politiques. Le livre du premier d'entre eux n'est jamais parvenu jusqu'à moi. J'ai lu la brochure du second, et j'y ai trouvé, avec quelques vérités générales et plusieurs traits spirituels, des expressions peu convenables. Je ne suis donc partial ni pour les individus que je n'ai vus de ma vie, ni pour les ouvrages, dont l'un m'est inconnu, et dont j'aurais été plutôt disposé à désapprouver l'autre. C'est la doctrine établie par le ministère public dont j'ai l'intention de m'occuper.

Cette doctrine peut être réduite aux cinq axiômes suivans:

1°. Qu'on peut interpréter les phrases d'un écrivain et le condamner sur ces interprétations, même quand il proteste contre le sens qu'on donne à ses phrases;

2°. Qu'attaquer les ministres, c'est attaquer le Roi;

3°. Qu'on peut combiner, avec le Code actuel, les lois antérieures, et les appliquer à des écrits publiés sous l'empire des lois existantes;

4°. Qu'un accusé peut être puni pour la manière dont il se défend;

5°. Que l'imprimeur qui a rempli toutes les formalités prescrites, peut néanmoins être condamné.

Que ces axiômes viennent d'être professés par le ministère public, est un fait, dont je fournirai plusieurs démonstrations successives, par des extraits fidèles des réquisitoires et des plaidoiries de MM. les avocats du Roi. Ces axiômes sont-ils constitutionnels ? Sont-ils d'accord avec la liberté qu'on nous a promise? Sont-ils compatibles avec celle de la presse, sous quelque forme qu'on la conçoive ? Telles sont les questions que je vais soumettre aux représentans de la Nation, comme gardiens de ses droits; aux ministres, comme exécuteurs des intentions royales, aux simples citoyens, comme intéressés également à ce que la licence ne soit pas encouragée, et à ce que la liberté légale ne soit pas détruite.

Je déclare que je n'inculpe les intentions de personne, qu'en indiquant les conséquences qui me paraissent résulter de la doctrine que MM. les avocats du Roi ont établie, je suis convaincu que si ces conséquences sont telles que je pense, il ne les ont pas prévues; qu'il en est de même du tribunal de première instance, dans un jugement dont l'esprit me semble peu conforme aux principes de la constitution et aux vues du législateur, et que si, malgré les soins que je mettrai à réitérer cette déclaration, il m'échappe l'expression d'un doute à cet égard, ce sera contre ma volonté et à mon insu.

III.

Première question.

Les magistrats qui poursuivent et les tribunaux qui jugent les écrivains, ont-ils le droit d'interpréter leurs phrases, et de les condamner sur ces interprétations, même quand ces écrivains protestent contre l'intention dont on les accuse?

Il n'y a aucun doute que pour juger de l'innocence ou de la culpabilité d'un livre, une certaine interprétation ne soit nécessaire. Les paroles ne sont quelque chose que par le sens qu'elles contiennent. Le sens indirect d'une phrase peut être tellement clair qu'il se présente à l'esprit du lecteur, aussi facilement et aussi rapidement que le sens direct et ostensible. Or, comme les délits en matière de liberté de la presse se composent de l'effet qu'un écrivain produit ou veut produire, un sens indirect de cette espèce peut constituer un véritable délit.

Mais pour que ce droit d'interprétation, que la raison et l'impartialité m'engagent à reconnaître, ne dégénère point en arbitraire et en tyrannie, deux choses sont requises :

Premièrement, cette interprétation doit porter sur la totalité d'un ouvrage.

Cette proposition est trop évidente pour avoir besoin du moindre développement, et par respect pour mes lecteurs, j'aime à retrancher les développemens inutiles.

Dans un temps où l'Angleterre s'offrait à nous comme modèle en fait de liberté, lord Erskine a montré, dans un discours éloquent et d'une irrésistible logique, avec quelle facilité, en isolant des phrases, on pouvait rendre criminel ce qui ne l'était pas. Il a prouvé, d'après Algernon Sidney, qu'avec cette pratique on condamnerait légalement un éditeur de la Bible, pour avoir publié qu'il n'y a point de Dieu (1). Mais s'il faut que le

---

(1) Discours de lord Erskine, dans le procès du doyen de Saint-Asaph.

sens du livre entier soit jugé, il faut que ce livre soit connu en entier de ceux qui le jugent. Or, je ne vois point que dans la forme de procédure qui s'est introduite, le livre, corps du délit, soit communiqué aux tribunaux. Je ne sais si l'on craint pour les juges mêmes le mauvais effet des ouvrages séditieux; mais il paraît que MM. les avocats du Roi se bornent à lire, à leur choix, les phrases qu'ils commentent. Je n'affirme pourtant rien à cet égard; car, malgré les assurances que l'on m'a données, il y a des faits que je ne puis croire : charger des juges de prononcer sur ce qu'on ne voudrait pas leur faire connaître, serait à mes yeux un fait de ce genre. Dans tous les cas, le seul doute prouve qu'il existe dans la loi une lacune qu'il faudra remplir; et nos ministres, qui ont déjà voulu cette année mettre la liberté de la presse en pleine sûreté, feront certainement à la session prochaine cette proposition indispensable.

Secondement, le droit de juger de l'interprétation des ouvrages dénoncés doit être confié à des jurés.

La vérité de cette seconde proposition ne sera pas moins manifeste que celle de la première, si l'on veut bien y réfléchir un instant.

Un jugement sur des interprétations a, inévitablement, quelque chose de discrétionnaire. Si vous investissez un tribunal du droit de prononcer, vous dénaturez les fonctions des juges. Ils sont astreints à se conformer à la lettre de la loi. Leur seul devoir, leur seule mission, c'est de l'appliquer. Mais en les chargeant de juger du sens caché d'un écrit, vous les forcez à se livrer à des conjectures, à se fabriquer un système, à prononcer sur des hypothèses, choses destructives de leur qualité d'organes impassibles de la loi écrite.

Le sens d'un livre dépend d'une foule de nuances. Mille circonstances aggravent ou atténuent ce qu'il peut avoir de répréhensible. La loi écrite ne saurait prévoir toutes ces circonstances, se glisser à travers ces nuances diverses. Les jurés décident, d'après leur conscience, d'après le bon sens naturel à tous les hommes. Ils sont les représentans de l'opinion publique, parce qu'ils la connaissent; ils évaluent ce qui peut agir sur elle; ils sont les organes de la raison commune, parce que cette raison commune les dirige, affranchie qu'elle est des formes qui ne sont imposées qu'aux juges, et qui, ne devant avoir lieu que pour assurer l'application de la loi, ne peuvent embrasser ce qui tient à la conscience, à l'intention, à l'effet moral. Vous n'aurez jamais de liberté de la presse, tant que les jurés ne décideront pas de toutes les causes de cette nature.

Dans les autres causes, les jurés déclarent le fait. Or, le sens d'un livre est un fait; c'est donc aux jurés à le déclarer. Les jurés déclarent de plus si le fait a été le résultat de la préméditation. Or, le délit d'un écrivain consiste à avoir prémédité l'effet du sens contenu directement ou indirectement dans son livre, s'il est dangereux. C'est aux jurés à prononcer sur cette préméditation de l'écrivain.

Enfin, il n'est pas équitable de juger l'effet naturel d'un livre, par celui qu'il produit, lorsque l'autorité le dénonce, et qu'un organe de l'autorité en extrait ce qui peut sembler le plus condamnable. C'est néanmoins ainsi qu'un livre se présente aux juges, quand il est traduit devant les tribunaux. Ces juges sont prévenus par l'accusation contre l'ouvrage. Les jurés, plus libres, en leur qualité d'hommes privés, ont plus de chances de juger le livre impartialement. Ils le jugent comme citoyens, en même temps qu'ils s'en occupent comme jurés. Ils peuvent comparer l'effet que le ministère public lui attribue, avec celui qu'il aurait produit sur eux naturellement. Ils sont de la sorte mis en garde contre l'exagération inévitable et même obligée de l'accusateur.

J'ajouterai qu'il y a cette différence entre les délits de la presse et les autres délits, que les premiers compromettent toujours plus ou moins l'amour propre de l'autorité. Quand il s'agit d'un vol ou d'un meurtre, l'autorité n'est nullement compromise par l'absolution du prévenu; car elle a simplement requis d'office l'investigation d'un fait. Mais dans la poursuite des écrits, l'autorité paraît avoir voulu faire condamner une opinion; et l'absolution de l'écrivain ressemble au triomphe de l'opinion d'un particulier sur celle de l'autorité. Les tribunaux ne sauraient alors juger impartialement; institués par l'autorité, ils en font partie; ils ont un intérêt de corps avec elle. Ils pencheront toujours pour l'autorité contre l'écrivain.

Que si l'on dit que c'est un bien, parce qu'il ne faut pas que l'autorité éprouve d'échec, je réponds qu'alors il faut de deux choses l'une, ou qu'elle n'ait pas le droit d'accuser, ou que ceux qui jugent n'aient pas le droit d'absoudre. Dans le premier cas, il y aura licence effrénée; dans le second, il n'y aura pas de liberté.

Les jurés tiennent au contraire un juste milieu. Comme individus, et pouvant se trouver à leur tour dans la position d'un écrivain accusé, ils ont intérêt à ce qu'une accusation mal fondée ne soit pas admise. Comme membres du corps social, amis du repos, propriétaires, ils ont intérêt à l'ordre public; et leur bon sens jugera facilement si la répression est juste, et jusqu'à quel degré de sévérité il faut la porter.

J'ai parlé de l'amour propre de l'autorité. Parlons de celui des magistrats. A Dieu ne plaise que j'insinue que les jurés ne sont pas nécessaires, quand il s'agit de crimes positifs. Je les crois indispensables dans tous les cas, pour tous les jugemens, dans toutes les causes. Mais si les tribunaux jugeaient sans jurés les délits contre la propriété ou contre la vie, ils pourraient encore, sans craindre d'humilier le magistrat qui parle au nom du Gouvernement, ne pas adopter ses conclusions; car il ne s'agirait que d'un fait et de preuves matérielles. Dans les délits de la presse, et dans les interprétations à l'aide desquelles on découvre ces délits dans un ouvrage, il s'agit d'une preuve de sagacité, donnée par le magistrat qui a déféré l'ouvrage. Sa réputation de pénétration et de talent est intéressée à ce qu'on ne lui enlève pas ce mérite. Or, quoiqu'on fasse, il s'établit toujours une sorte de fraternité et de complaisance entre des fonctionnaires publics dont les relations réciproques sont perpétuelles. Les tribunaux, pour peu qu'il y ait l'apparence d'un prétexte, inclineront toujours en faveur de l'avocat du Roi qu'ils connaissent contre l'écrivain qu'ils ne connaissent pas, et seront disposés, sans s'en douter, à condamner l'auteur, par politesse pour le magistrat.

Remarquez, qu'en accordant aux avocats du Roi la faculté d'interprétation que nous avons reconnue indispensable, on leur offre une occasion de briller qui les tentera. Chaque livre sera pour eux une énigme, dont ils voudront révéler le mot; et plus ce mot sera éloigné du sens naturel du livre, plus ils auront fait preuve de perspicacité. Comme je ne sais quel président d'une cour impériale s'enorgueillissait d'avoir mérité, par la subtilité de ses interrogatoires, d'être surnommé la terreur des accusés, plus d'un avocat du Roi se fera une gloire d'être la terreur des écrivains; et si l'indépendance et la raison des jurés ne servent de contre-poids, les écrivains n'auront en effet aucun refuge contre cette sagacité prétendue.

Je n'ai point l'honneur de connaître M. de Vatisménil. Je ne le soupçonne ni ne l'accuse de vanité; mais je remarque dans ses réquisitoires et ses plaidoyers des interprétations qui me semblent bien forcées. Les phrases les plus simples, des assertions qui n'ont que le défaut d'être rebattues, sont traduites en maximes subversives de l'ordre public. J'en donnerai des exemples ; mais je dois observer en commençant qu'on alléguerait vainement, pour justifier cette manière de procéder, qu'à côté des phrases dénoncées que je vais citer, il y en a d'autres réellement condamnables. Je répondrai, sans nier et sans admettre le fait, pour éviter que la question ne soit déplacée, qu'il fallait alors se borner à ces dernières, et s'abstenir d'attirer, dans la sphère de la culpabilité, des phrases innocentes, de manière à ce que, condamnées une fois, leur condamnation et la latitude d'interprétation qui l'aura motivée, deviennent des précédens, des usages de notre législation, en vertu desquels, de phrase en phrase et de traduction en traduction, il n'y ait pas en français une expression qui ne puisse être le sujet d'une poursuite, pas une pensée, quelque triviale ou insignifiante qu'elle soit, qui ne fasse planer la ruine et la captivité sur la tête de son auteur.

M. de Vatisménil, donc, accuse l'ouvrage de M. Rioust « de présenter les caractères les plus » séditieux, d'énoncer des opinions dangereuses,

» d'indiquer des intentions coupables, et de » renfermer des passages qui tendent à justifier » la révolution et les attentats les plus criminels » auxquels elle a donné lieu. » Je dois croire que c'est comme une des preuves de cette dernière assertion que la phrase suivante est citée; car elle vient dans le journal officiel, immédiatement après l'accusation et en démonstration du délit. « La révolution du 18e. siècle fut la crise par » laquelle la philosophie voulut se dégager à la » fois des erreurs, des fausses maximes, des » procédés arbitraires des gouvernemens, et des » absurdités religieuses... Dans ce vaste projet, » la raison succéda à l'instinct de la nature (1). »

Littérairement et philosophiquement, je ne trouve point la phrase irréprochable, et le mot d'absurdités religieuses me choque, parce qu'il est trop vague. Mais quand on interprète un auteur, certes, le moins que l'on puisse faire, n'est-ce pas de prendre ce qu'il dit dans le sens le plus simple, comme le plus favorable? Que seraient les fonctions de nos magistrats, si elles consistaient à extraire du poison des phrases les plus innocentes? Or n'y avait il pas d'absurdités religieuses sous l'ancien régime? N'était-ce pas une

(1) Moniteur du 31 mars 1817.

absurdité religieuse que la proscription des protestans ? Les billets de confession n'étaient-ils pas des absurdités religieuses ? Les dragonades n'avaient-elles pas été des absurdités religieuses ? Ainsi donc le seul mot douteux dans la phrase citée, pouvait et devait s'expliquer innocemment.

Quant au reste, si l'auteur est coupable pour avoir parlé des procédés arbitraires des gouvernemens, ne faudra-t-il pas mettre en prévention M. de Barante, qui, dans un discours prononcé en sa qualité de commissaire du Roi, définit l'ancien régime, « un mécanisme incertain et pré-
» caire, où dix fois dans un siècle les magistrats
» avaient été exilés, et la justice avait interrompu
» son cours (1) ? »

Peut-on de bonne foi regarder la phrase dénoncée comme une apologie des attentats les plus criminels auxquels la révolution a donné lieu ? Y a-t-il un mot dans cette phrase qui rappelle ou qui excuse ces attentats ? Y a-t-il une parole qui en contienne ou qui en implique l'apologie ? Indique-t-elle même la révolution française en particulier ? Il n'est question que de la révolution du 18e. siècle.

(1) Discours de M. de Barante sur le budget, 27 février 1817.

Je répète que, s'il y a dans l'ouvrage quelque autre phrase qui soit plus clairement une apologie des attentats révolutionnaires, il ne fallait pas citer celle-ci comme une des preuves de l'accusation. C'était, d'un côté, affaiblir la preuve réelle, et de l'autre, accoutumer les tribunaux à voir des délits là où il n'y en a pas.

Quand M. de Châteaubriant, dans un ouvrage honoré de l'approbation royale (1), disait de la révolution anglaise, marquée par les mêmes crimes que la nôtre : « L'Angleterre a devancé la » marche générale d'un peu plus d'un siècle, » voilà tout. » Voulait-il faire l'apologie des attentats de la révolution d'Angleterre ?

Je ne compare pas cet illustre écrivain que j'ai combattu, mais dont j'admire le talent, à un auteur que je n'ai jamais vu, dont j'ignore la vie et le caractère, et dont l'existence m'était inconnue, jusqu'au procès qui m'a fait apprendre son nom ; mais je demande quelle phrase sera sans danger, si celle qu'on lui reproche est coupable. Et qu'aurait dit M. l'avocat du Roi, si cet auteur eût imprimé les paroles suivantes ? « Les excès » d'un peuple soulevé au nom de la liberté, sont » épouventables ; mais ils durent peu, et il en

---

(1) Réflexions politiques. *V*. Mélanges, t. 1, p. 213.

» reste quelque chose d'énergique et de géné-
» reux. Que reste-t-il des fureurs de la tyrannie,
» de cet ordre dans le mal, de cette sécurité
» dans la honte, de cet air de contentement
» dans la douleur, et de prospérité dans la mi-
» sère (1)? » N'aurait-on pas vu dans les épithètes données aux excès du peuple, dans l'espèce de préférence accordée à ces excès sur le despotisme, la doctrine la plus révolutionnaire? et je remarque que, sous la loi du 21 octobre 1814, cette phrase paraissait fort simple, tandis que depuis *l'amélioration* apportée à la législation de la presse, une phrase bien plus insignifiante est devenue un délit.

Je viens de relire ce que m'a dicté, depuis un an, le desir sincère de contribuer à l'affermissement du gouvernement constitutionnel en France : et je n'ai pas trouvé une page qui, d'après la doctrine de M. de Vatisménil, ne renfermât quelque délit constructif.

Un autre passage du livre dénoncé est cité plus loin comme également coupable. « L'empiéte-
» ment de la noblesse sur les droits du peuple,
» et le peu d'empressement du Gouvernement
» à réprimer l'ambition de la classe privilégiée,

(1) Réflexions politiques, p. 203.

» furent les causes de la révolution. » Mais n'a-t-on pas dit mille fois, à tort ou à raison, que parmi les causes de la révolution il fallait compter l'imprudence et les prétentions de la noblesse? Cette doctrine n'a-t-elle pas été récemment professée jusque dans la chambre de nos députés? N'a-t-on pas été plus loin dans cette chambre? N'a-t-on pas montré les privilégiés non-seulement aliénant le peuple, mais attaquant le trône? N'a-t-on pas parlé des *courtisans révoltés* qui ont commencé nos troubles, et peint l'*aristocratie* comme ayant *ouvert le chemin* à la révolution, que la démocratie ensuite rendit plus funeste? Qui a jamais imaginé de travestir ces pensées, vraies ou fausses, en maximes séditieuses? Les causes de la révolution ne sont-elles pas du ressort de l'histoire? Si l'on fait un crime à un auteur d'avoir indiqué ce qu'il croyait une de ces causes, où est l'historien, de quelque parti qu'il soit, que M. de Vatisménil ne pourra pas faire condamner?

Et considérez que tout ceci est en contradiction directe avec les promesses contenues dans le rapport qui a motivé à la chambre des pairs l'adoption de la loi. « En matière de doctrine, » dit le rapporteur, et il parle des doctrines po-» litiques (V. plus loin, p. 57), on pense que

» c'est à la science à éclairer l'ignorance, à la » vérité à redresser l'erreur ». Il continue ensuite à démontrer qu'il n'y a de punissable que *la provocation, l'excitation à la révolte ou la désobéissance* (1). Or certes, l'indication, juste ou erronée, des causes de la révolution, n'est pas une excitation à la révolte ; c'est manifestement un point de doctrine politique, qui n'est ni de la compétence de M. l'avocat du Roi, comme accusateur, ni de celle des tribunaux comme juges.

Ces exemples, pris au hasard, me semblent suffisans ; s'ils ne l'étaient pas, je montrerais, dans un second procès, ce même magistrat, dénonçant comme une doctrine *coupable, séditieuse, révolutionnaire*, le desir de voir la nation obtenir un jour un gouvernement constitutionnel. « L'auteur, dit M. de Vatisménil, » montre un autre avenir politique derrière le » trône (2). » Mais est-ce montrer un autre avenir politique derrière le trône que d'exprimer le vœu que la nation obtienne un gouvernement constitutionnel, quand le monarque professe la

---

(1) Rapport de M. le comte Abrial à la chambre des pairs.

(2) Discours de M. de Vatisménil contre l'auteur de la lettre à M. de Cazes.

volonté d'établir ce Gouvernement, et quand il est reconnu par les députés et par les ministres que ce gouvernement constitutionnel n'existe encore qu'avec des restrictions que des temps plus heureux feront disparaître? J'oserai, avec un profond respect, remonter au sommet de notre hiérarchie politique, et rappeler que le Roi lui-même, par une proclamation, a reconnu, dans sa prévoyance, que des améliorations étaient possibles, et qu'il a mis, dans sa sagesse, à côté de l'inconvénient d'innover, l'avantage d'améliorer. Or améliorer, n'est-ce pas, d'après le système de M. de Vatisménil, montrer un autre avenir? Je le déclare, il n'y a pas possibilité, d'après ce système, de réunir quatre mots de la langue française sans une sédition constructive.

Plus loin, M. l'avocat du Roi reproche au même écrivain d'avoir parlé du vœu du peuple : « Le » peuple, dit-il, ne peut pas vouloir ce qui n'est » pas conforme à ses besoins, et le souverain » *seul* est le juge suprême des besoins de la na» tion (1). » Le souverain seul! Mais alors à quoi servent les chambres? A quoi sert cette liberté de la presse que le ministère a surnommé *le flambeau du Gouvernement?* Si le souverain

(1) Même discours de M. de Vatisménil.

seul est juge suprême des besoins de la nation, s'il n'est pas même permis aux sujets d'indiquer ce qu'ils croient être le vœu national, cette liberté de la presse ne doit plus exister, ce flambeau doit s'éteindre. Ne serait-ce pas là présenter derrière le trône un avenir tout différent de ce qui est, de ce que l'on nous a promis, de ce que l'on nous a accordé, et tout différent aussi de la volonté connue et publique du Monarque? Chose étrange! Dans ce passage, c'est le magistrat accusateur qui, contre son intention, sans doute, encourt le reproche qu'il vient d'adresser à l'écrivain accusé.

Si cette manière de procéder, si cette latitude d'interprétation n'avait été mise en pratique qu'une seule fois, on pourrait l'attribuer à une erreur ou à un excès de zèle individuel; mais il paraît qu'elle est adoptée en principe par le ministère public.

M. Hua, qui remplit près la Cour royale les mêmes fonctions que M. de Vatisménil près le tribunal de première instance, a suivi la même marche, et à quelques égards, il a été plus loin que son collègue et son prédécesseur dans ces deux causes.

« La probité qui n'est qu'un devoir, a-t-il dit, » ne peut devenir un motif de louange qu'autant

» qu'elle est rare : louer un homme sous ce » rapport, c'est faire une satire générale, sa» tire injuste dans tous les temps (1). » Ainsi, d'interprétations en interprétations, de commentaires en commentaires, l'on parvient à placer au rang des reproches qu'on dirige contre un écrivain accusé de sédition, l'éloge de la probité. Pauvre Sénèque ! infortuné Labruyère !

Parlerai-je de l'acception donnée au mot *débonnaire*, en dépit de l'ancienne signification de ce mot, et en dépit aussi de l'autorité de Corneille et du Dictionnaire de l'Académie ? Il deviendra difficile d'écrire une page, dans un pays où MM. les avocats du Roi, transformés en puristes et en grammairiens, décideront que tel sens de telle expression est tombée en désuétude, et rédigeront leurs actes d'accusation sur des délicatesses de langage (2).

La première question me semble résolue.

(1) Discours de M. Hua, dans le procès en appel de M. Rioust.

(2) Je remarque que dans le même ouvrage, où le mot débonnaire a été interprété d'une manière si fâcheuse, l'auteur avait parlé du caractère juste et généreux de S. M. Comment se fait-il qu'on n'ait pas tenu compte de l'éloge clair et direct, et qu'on ait jugé si sévèrement une expression équivoque !

Isoler les phrases d'un livre, et les faire condamner sur des interprétations que cet isolement peut admettre, même quand l'ensemble les repousse, tirer d'assertion générales des inférences particulières, que l'auteur désavoue, et que l'évidence ne sanctionne pas, ne soumettre enfin aux juges que des morceaux choisis, quand ils ont à prononcer sur un tout, dont ces fragmens épars et mutilés peuvent leur donner les notions les plus fausses, c'est anéantir la liberté de la presse. Or cet anéantissement n'était pas ce que voulait le ministère, en *améliorant* notre législation sur ce point, pour donner à l'exercice raisonnable et légal de cette liberté une garantie de plus (1) : ce n'était pas ce que voulaient les orateurs qui ont soutenu le ministère, en faisant valoir cette amélioration : ce n'était pas ce que voulaient les deux chambres, en adoptant d'autres lois sous la condition formelle que la presse serait libre : ce n'était pas enfin ce que voulait le Roi lui-même, en déclarant que les restrictions mises à la presse avaient moins d'avantages que d'inconvéniens.

---

(1) Discours de M. le comte de Cazes.

IV.

Seconde question.

Peut-on établir dans un gouvernement constitutionnel, peut-on établir, d'après notre charte, qu'attaquer les ministres, ce soit attaquer le Roi?

Tel est le second axiôme de la jurisprudence établie par M. de Vatisménil.

« Ne pourrait-on pas dire, s'est-il écrié, dans » la poursuite du second procès, qu'attaquer les » ministres, c'est attaquer indirectement l'auto- » rité royale, sur-tout lorsque les actes qui sont » attaqués sont assez nombreux pour qu'il soit » évident que le Roi les a connus et les a auto- » risés? Nous n'entrerons point à cet égard dans » une discussion que nous aurons peut-être quel- » que jour l'occasion d'aborder, et lors de la- » quelle nous établirons l'affirmative de la ques- » tion (1). »

Rien n'est plus clair que ces paroles, et aucun doute ne peut exister sur la doctrine de M. de

---

(1) Moniteur du 16 avril 1817.

Vatisménil. Il en a réservé la démonstration pour quelqu'autre procédure; car il paraît qu'il en prévoit plus d'une, et en effet, avec sa doctrine, chaque nouveau livre pourra devenir l'occasion d'un nouveau procès.

En attendant, énoncer son assertion, c'est la réfuter.

La charte a distingué entre l'autorité royale et l'autorité ministérielle. La charte, en déclarant le Roi inviolable et les ministres responsables, a formellement reconnu qu'on pouvait attaquer ceux-ci, sans que l'autorité du Roi en reçût d'atteinte; car on ne peut soumettre les ministres à la responsabilité qu'en les attaquant.

Ce principe, et un autre qui en découle, celui que les particuliers peuvent, aussi bien que les représentans de la Nation, attaquer les ministres, ont été corroborés surabondamment dans la discussion des chambres. Quand M. Ravez, rapporteur du projet de loi sur les journaux, disait à la tribune des députés « que les plaintes respectueuses de la Nation, arrivant *de toutes parts* aux pieds du trône, y feraient pâlir des ministres prévaricateurs (1), » il ne pensait pas

(1) Moniteur du 19 janvier 1817.

qu'attaquer les ministres, ce fût attaquer le Roi. Quand M. Duvergier de Hauranne déclarait qu'un individu, éprouvant une injustice de la part d'un préfet ou d'un ministre, attaquerait ce préfet, ce ministre devant l'opinion, il n'entendait pas que ce citoyen attaquerait le Roi.

Un enfant comprendrait ces vérités, et par conséquent j'en abrège les preuves. Mais ce qui mérite d'être relevé, c'est l'argument bizarre, dont M. de Vatisménil se sert en passant.

« Attaquer les ministres, dit-il, c'est attaquer » indirectement l'autorité royale, sur-tout lors- » que les actes qui sont attaqués sont assez nom- » breux pour qu'il soit évident que le Roi les a » connus et autorisés ; » c'est-à-dire que, si un ministre faisait jeter en prison un seul citoyen injustement, il serait responsable, parce que le Monarque aurait pu ignorer cette iniquité partielle ; mais que s'il en faisait arrêter et détenir illégalement dix mille, sa responsabilité serait à couvert, parce que le Monarque n'ayant pu ignorer tant de vexations, les aurait autorisées en ne les réprimant pas. C'est M. de Vatisménil qui me force à ces suppositions, heureusement sans fondement et sans vraisemblance. Il oublie qu'en établissant l'inviolabilité du Roi et la responsabilité des ministres, la charte a précisément voulu que la volonté royale ne pût jamais autoriser les ministres à commettre des actes inconstitutionnels. Dans ce but, elle a supposé que s'ils commettaient impunément de pareils actes, c'est que le Monarque les ignorait. C'est évidemment une convention légale, et cette convention légale est la seule base, la base indispensable de la responsabilité. Si vous détruisiez cette convention, vous renverseriez tout l'édifice constitutionnel. Vous rendriez les ministres inviolables ou vous étendriez la responsabilité sur le Monarque.

Il faut le dire franchement, et je le dis la charte à la main, sans craindre les interprétations les plus subtiles de l'esprit le plus exercé, dès que nous sommes sous un Gouvernement constitutionnel, le Monarque ne peut pas autoriser dans ses ministres des actes contraires à la constitution. La charte ne permet pas qu'on suppose le Roi autorisant ce qui se fait de mal. Elle n'admet pas qu'il puisse connaître, elle n'admettrait pas qu'il pût approuver le mal qui se fait. Si par impossible, et en nous jetant dans une hypothèse à laquelle M. de Vatisménil seul nous réduit, le Roi déclarait qu'il approuve un acte illégal, cette déclaration serait nulle. La charte persisterait à considérer le monarque comme ignorant le mal qui aurait eu lieu, et poursuivrait les ministres.

La théorie de M. de Vatisménil confond tout, remet tout en question, et compromet à la fois la constitution, la monarchie et la liberté.

« Mais, dit M. l'avocat du Roi, censurer une » loi toute entière qui a reçu la sanction du Roi, » c'est accuser le Roi de manquer de lumières, » et le faire avec amertume, c'est affaiblir le res- » pect dû à l'autorité royale, c'est commettre le » délit prévu par la loi du 9 novembre 1815 (1). »

J'observerai d'abord que si la censure d'une loi doit être interdite, comme étant un manque de respect pour les lumières du Roi, la censure des projets de loi, l'opposition à ces projets dans les chambres, leur discussion dans les journaux ou dans des pamphlets, devront également être prohibées : car, aux termes de la charte, c'est le Roi qui propose la loi ; il a l'initiative comme la sanction, et si, contre l'esprit de la charte, on veut apercevoir le Monarque là où l'on ne doit voir que les ministres, les lumières du Roi se manifestent dans les propositions qu'il fait, aussi bien et plus clairement peut être que dans les lois qu'il approuve : car ces projets lui appartiennent plus immédiatement que des lois que les chambres ont pu modifier.

(1) Moniteur du 16 avril 1817.

M. l'avocat du Roi se jette, et nous avec lui, dans une confusion inextricable, en ne laissant pas les volontés et les lumières royales dans l'enceinte inviolable et sacrée où la constitution les plaçait.

Les lois, les projets de lois, les actes du Gouvernement, les mesures de l'administration appartiennent au ministère, puisque le ministère en est responsable. Toutes ces choses peuvent être censurées avec modération, avec décence, pourvu que la censure que l'on se permet ne tende qu'à obtenir des améliorations ou des redressemens, et ne provoque point la résistance. L'obéissance aux lois est un devoir; mais l'approbation des lois n'en est point un, non plus que le silence sur les lois qu'on désapprouve. La liberté de la presse, *ce flambeau du Gouvernement*, comme le disent si bien nos ministres, est destinée précisément à indiquer les imperfections auxquelles il est desirable qu'on porte remède. Avec la doctrine de M. l'avocat du Roi, une Nation serait condamnée à tenir du hasard le perfectionnement de sa législation; car le souverain placé dans un cercle à part, au-dessus de tous, n'éprouve pas l'effet que les lois produisent. Charger les ministres de l'en avertir, c'est mettre la Nation à la merci de sept hommes. Elle n'a de communication avec le Roi que par la liberté de la presse. Cette liberté seule se fait jour dans l'enceinte, d'ailleurs impénétrable, où le monarque est renfermé. Il faut, comme on l'a dit, à la tribune des Députés, que les plaintes respectueuses de la Nation parviennent aux pieds du trône : et ces plaintes ne sont point circonscrites dans la sphère des vexations individuelles. Tout ce qui nuit au bien-être national est de leur ressort. Une mauvaise loi sur l'industrie, sur le commerce, un mauvais impôt font un autre mal, mais n'en font pas moins, peuvent en faire plus momentanément qu'une violation des droits des citoyens. La liberté de la presse est là pour que les défauts de toutes les lois soient indiqués au pouvoir qui les propose et les améliore. Il n'y a qu'une seule différence entre les vices des lois et les actes illégaux des hommes. Quand celles-ci sont mauvaises, il faut obéir et réclamer, au lieu qu'envers les autres on peut réclamer avant d'obéir.

Comme le cas particulier, qui a donné lieu au procès dont il s'agit, est indépendant de la doctrine de M. l'avocat du Roi, je n'aurais nul besoin de l'examiner ; mais je dois dire que l'auteur accusé, n'ayant point provoqué à la désobéissance, sa critique de la loi du 29 octobre 1815 n'était, en d'autres termes, qu'une répétition de ce qu'avaient reconnu en 1817, dans les deux chambres, des hommes considérés comme des amis du ministère.

« Bien que la loi du 29 octobre 1815, avait » dit M. de Serre, dans son rapport sur la sus- » pension de la liberté individuelle, eut été » sagement restreinte à sa promulgation par » une ordonnance ministérielle, *l'expérience a* » *prouvé* quel était le danger de ce pouvoir » extraordinaire, dans des hommes trop éloi- » gnés du gouvernement central, et trop rap- » prochés des passions personnelles, pour n'en » user qu'avec réserve, et dans le cas d'une » absolue nécessité (1). » M. Figarol avait avoué « que cette loi du 29 octobre violait ouver- » tement les dispositions de la charte (2). » Un commissaire du Roi, M. Becquey, était convenu « des excès de zèle auxquels la liberté indi- » viduelle avait été quelquefois sacrifiée dans » les départemens (3). »

« Les dispositions de cette loi, avait affirmé

(1) Moniteur du 9 janvier 1817.

(2) *Id.* du 15.

(3) *Id.* du 16.

» M. Camille Jordan, livrant la liberté, l'honneur, presque la vie des citoyens à la discrétion d'une foule de fonctionnaires subalternes, furent une suspension étendue et redoutable des droits les plus sacrés........
» Nous avons vu les effets d'une telle dissémination d'un pouvoir discrétionnaire, les restes des partis s'en disputant l'usage, l'esprit de délation se couvrant du masque du zèle, détruisant toute confiance au sein des familles, sappant avec les fondemens de la tranquillité publique et privée ceux de la morale. Il était temps enfin de rendre les citoyens à la sécurité, les magistrats à l'exercice libre et paisible de leurs fonctions (1). La loi du 29 octobre, dans sa profusion de l'arbitraire, avait dit M. Royer-Collard, le répandait sans discernement dans des milliers de mains, et je m'honore d'être du nombre de ceux qui élevèrent la voix à cette époque, pour exprimer de justes craintes et de tristes pressentimens (2). Tout ce que cette loi a fait de mal, avait ajouté M. le duc de Raguse, était de son essence; tout celui qu'elle n'a pas fait, vous le devez à ceux qui

(1) Moniteur du 16 janvier 1817.

(2) *Idem.*

étaient chargés de l'exécuter; » et M. de Brissac, opinant après M. le duc de Raguse, avait déclaré « qu'il avait donné son suffrage à cette loi; » mais qu'éclairé par l'expérience, il le lui refu- » sait aujourd'hui (2). »

Assurément, si la loi du 29 octobre 1815 a fait le mal que lui attribue M. Camille Jordan; et si ce mal était *de son essence*, comme le pense M. le duc de Raguse, on ne peut faire un crime à un écrivain d'avoir porté sur elle le même jugement que les représentans électifs et héréditaires de la France. Si M. Royer-Collard a pu s'honorer des pressentimens qu'il avait exprimés sur cette loi, M. Chevalier ne saurait être coupable pour avoir dit que ces pressentimens s'étaient vérifiés.

Prétendra-t-on que les simples citoyens n'ont pas le droit de parler comme les députés de la France, et que l'indépendance et l'inviolabilité de la tribune autorisent un langage qui deviendrait coupable dans un individu sans mission? Cette assertion serait destructive du système représentatif. Ce système, on l'a dit avant moi, n'est autre chose que le gouvernement par l'opi-

---

(1) Moniteur du 14 février 1817.

nion publique. Cette opinion doit se faire connaître aux députés qui lui servent d'organes; elle doit les entourer, éclairer ou frayer leur route. Ils lui donnent de la modération quand ils l'expriment; elle leur donne du courage en les appuyant. Pour l'intérêt de la monarchie, il ne faut pas isoler le trône de la représentation nationale; pour l'intérêt de la liberté, il ne faut pas isoler la nation de ses représentans. Cette triple et heureuse alliance donne de la stabilité aux institutions, de la force aux rois, de la confiance aux peuples. Ceux qui tentent de l'interrompre, ne savent pas le mal qu'ils font et le bien qu'ils repoussent.

Je conclus que la seconde question doit être résolue comme la première. La doctrine de M. l'avocat du Roi, en tant qu'elle confond les attaques dirigées contre les ministres, et celles qui seraient dirigées contre le Monarque, n'est d'accord ni avec la charte, ni avec la volonté royale, ni avec les déclarations du ministère, ni avec l'espoir des chambres, ni avec le vœu des Français.

V.

TROISIÈME QUESTION.

Les tribunaux peuvent-ils combiner avec le Code actuel les lois antérieures, et les appliquer à des écrits publiés sous l'empire des lois existantes ?

Le tribunal de police correctionnelle, qui a prononcé en première instance dans les deux procès dont j'ai cru qu'il n'était pas inutile d'occuper quelques instans le public, a, dans le second de ces deux procès, motivé son jugement et la condamnation de l'auteur traduit à sa barre « sur les lois anciennes, qui » défendent également de rien imprimer qui » soit contraire à la religion, aux mœurs, à » l'honneur des particuliers et des familles, à » l'intérêt de l'Etat, et au respect dû au souve- » rain et à son autorité, et sur le rapproche- » ment et la combinaison des dispositions des » lois antérieures au Code pénal, de ce Code, » des lois postérieures, notamment de celle du » 21 octobre 1814, de l'ordonnance du 24 du » même mois.... et des instructions rendues et

» publiées sur les droits et les devoirs des im-
» primeurs. »

Il résulte de ces considérans du tribunal de première instance, que la jurisprudence qui s'introduit, investit les tribunaux du droit de prononcer d'après les lois anciennes, aussi bien que d'après les lois nouvelles, de combiner et de rapprocher ces deux espèces de lois, de les modifier, par conséquent, les unes par les autres, et aussi par les ordonnances et les instructions ministérielles.

Or il n'y a rien qu'on ne puisse trouver dans nos lois anciennes (et probablement il en est de même de celles de tous les peuples), il n'y a rien, dis-je, qu'on n'y puisse trouver contre la liberté de la presse; car tous les peuples ont eu, comme nous, leurs époques d'esclavage.

Sans remonter à des temps fort éloignés, j'aperçois, parmi nos lois anciennes, la déclaration du 30 juillet 1666, dans laquelle le législateur ordonne « que les blasphêmes qui appartiennent au
» genre d'infidélité soient punis de peines plus
» graves que les autres, selon l'énormité et à l'ar-
» bitrage des juges. » Et les blasphémateurs, d'après la définition de plus d'un jurisconsulte, sont non-seulement les athées, les déistes, les théistes, les polythéistes, mais encore les *tolé-*

rantistes qui admettent indifféremment toutes sortes de religions (1).

En me rapprochant davantage du moment actuel, je rencontre parmi nos anciennes lois celle de 1757, qui prononce la peine de mort, art. 1er. « contre tous ceux qui seront convaincus d'avoir » composé, fait composer et imprimer des écrits » tendant à attaquer la religion, *à émouvoir les* » *esprits*, à donner atteinte à l'autorité, et à » troubler l'ordre et la tranquillité de l'état. » Art. 2. Pareillement la peine de mort « contre » tous ceux qui auront imprimé lesdits ouvrages, » les libraires, colporteurs et autres personnes » qui les auraient répandus dans le public. »

Au nombre des arrêts rendus en vertu des lois anciennes, et qui, si l'on exhume ces anciennes lois, devront faire autorité, celui par lequel a été condamné et exécuté le chevalier de la Barre s'offre à mon souvenir.

Sont-ce là les lois anciennes dont on veut ressusciter l'empire?

Que l'on ne se récrie pas sur l'exagération de cette crainte. Il est assurément loin de ma pensée

(1) Les lois criminelles de France dans leur ordre naturel, par M. Muyart de Vouglans, p. 98, 99.

d'en concevoir une pareille sur les intentions du tribunal : mais il n'a pas senti, j'ose le dire, la conséquence de cet appel à d'anciennes lois. Si une fois l'on insinuait le rétablissement des lois anciennes, il se présenterait des hommes qui s'en rendraient les exécuteurs; car il se présente des hommes pour tout. C'est en 1780, qu'un légiste, M. Muyart de Vouglans, dans un ouvrage que je viens de citer, imprimait, p. 96, que l'arrêt du parlement de Paris, contre le chevalier de la Barre, était « un monument » mémorable de jurisprudence, qui faisait trop » d'honneur au zèle et à la piété des magistrats » dont il était émané pour qu'il ne le rapportât » pas, *comme le meilleur modèle* qu'il pût pro- » poser aux juges en cette matière. » On voit qu'il y a trente ans, les bonnes traditions n'étaient pas perdues, et l'on peut espérer que dans l'occasion les juges des Calas et des Sirven ne manqueraient pas de successeurs.

Il y a encore, pour satisfaire tous les goûts et pour servir sous tous les régimes, la loi du mois de germinal de l'an 4, promulguée à la vérité à une époque et dans des intentions révolutionnaires, mais qui pourrait seconder merveilleusement d'autres intentions à d'autres époques, parce que tout ce qui s'éloigne de la justice peut s'employer en tout sens avec la même commodité.

Il vaut donc la peine de nous faire expliquer ce que l'on entend par les lois anciennes.

Heureusement la sagesse du Roi nous l'a expliqué. C'est pour nous garantir des lois anciennes que S. M. nous a donné une charte. Il est dit, dans cette charte, que toutes les lois qui lui sont contraires sont virtuellement abrogées. On ne saurait donc invoquer, contre les dispositions de cette charte, des lois abolies par elle. Ce serait aller en sens inverse de la volonté même du Roi. Ce serait frustrer son peuple du bénéfice de ses intentions justes et libérales.

Les chambres l'ont entendu de la sorte lorsqu'elles ont adopté la dernière législation sur la presse. Le rapport fait à cet égard à la chambre des pairs démontre cette vérité, et je le transcris ici textuellement.

« Le Code pénal ne comprend dans les délits
» et crimes (de la presse), 1°. que les écrits calom-
» nieux ou injurieux (art. 367 et suiv. du Code
» pénal); 2°. les ouvrages obscènes (art. 287);
» 3°. ceux qui excitent les citoyens à des atten-
» tats et complots contre le roi et sa famille, ou
» pour détruire et changer le Gouvernement et

» armer les citoyens les uns contre les autres » (art. 102 et suiv.) ; 4°. les instructions pastorales dans lesquelles un ministre du culte se » serait ingéré de critiquer ou censurer les actes » du Gouvernement, ou de provoquer directement à la désobéissance aux lois, et autres » actes de l'autorité publique, ou s'il tend à » soulever ou armer une partie des citoyens les » uns contre les autres (art. 204 et suiv.) ; enfin » la loi du 9 novembre 1815 sur les cris séditieux dénonce également aux tribunaux ces » sortes de crimes, et tout écrit qui exciterait à » désobéir au Roi et à la charte constitutionelle » (art. 1 et 5), *voilà les seuls délits et crimes* » *de la presse, spécifiés dans nos lois, et qui* » *soient passibles de peines correctionnelles ou* » *criminelles* (1). »

Il est clair que M. le rapporteur récapitule ici toutes les lois qui peuvent être invoquées contre les écrits, et de même qu'il énumère les *seuls* délits passibles de peines, il énumère aussi les *seules* lois applicables à ces délits; c'est sur la foi de cette déclaration expresse, faite en pré-

(1) Rapport de M. le comte Abrial, sur le projet de loi relatif à la saisie des écrits.

sence des ministres qui avaient proposé la loi, c'est sur la foi de cette déclaration formelle, adressée à la chambre des pairs, et par-là même à la France entière, que les pairs ont adopté cette loi. Ils se verraient trompés dans leur confiance et dans leur attente, et nous tous, simples citoyens, qui nous fions à eux et à nos représentans pour la conservation de nos libertés, nous serions victimes de leur erreur, si la doctrine du tribunal de première instance pouvait être admise.

La troisième question se résout donc négativement, comme les deux précédentes. L'introduction, ou l'application des anciennes lois, la combinaison, le rapprochement, le mélange de ces lois avec les lois nouvelles, qui seules nous régissent, toutes ces choses sont contraires à la lettre et à l'esprit de la charte, contraires à la volonté du Roi, contraires aux promesses des ministres, contraires à la conviction et à l'espoir des chambres.

VI.

Quatrième question.

Un accusé peut-il être puni pour la manière dont il se défend ?

Après avoir écouté, sans l'interrompre, et sans que M. le président l'interrompît, la défense de l'accusé dans l'un des procès, « Nous pensons, « Messieurs, a dit M. l'avocat du Roi, que vous » êtes encore pleins de cette vertueuse indigna- » tion que la plaidoirie que vous venez d'entendre » a dû exciter en vous. Ce sentiment n'est pas » incompatible avec le calme et l'impartialité de » vos fonctions. Nous savons tous ce qu'il faut » accorder à la liberté de la défense : mais il est » des bornes au-delà desquelles la liberté dé- » génère en licence... L'homme qui désavoue » la doctrine qu'on lui reproche d'avoir publiée, » l'homme qui se plaint de n'avoir pas été com- » pris, celui-là est digne de la faveur des magis- » trats. S'il fut coupable, il se repent du moins. » Mais celui qui ose dire : ce que j'ai imprimé, » je ne le désavoue pas, je le soutiens à la face » de toute la terre ; j'ai proclamé les vrais prin-

» cipes.... Ah ! celui qui tient un pareil langage aggrave son délit, *ou plutôt il en com-*
» *met un nouveau.* Dans le sens de la loi du
» 9 novembre 1815, une plaidoirie de cette
» nature peut devenir un délit. Est-il un lieu
» plus public que le sanctuaire de la justice ?
» Quelles maximes pourraient germer avec plus
» de danger que celles qui sont professées, à
» la face d'un tribunal, si, à l'instant même,
» une juste mesure du ministère public et du
» tribunal ne venait frapper et réduire en pous-
» sière cette affreuse création(1) » ?

Après ces remarques, M. de Vatisménil a conclu à l'aggravation de la peine, et le tribunal, sans adopter ses conclusions dans toute leur étendue, a néanmoins admis et appliqué le principe que la peine pouvait, et devait être aggravée.

Avant de m'occuper des assertions de M. l'avocat du Roi, sous le rapport judiciaire, qu'il me soit permis de dire un mot sur sa doctrine relative aux désaveux. Est-il bien vrai qu'il soit bon d'offrir aux désaveux une prime? Est-il bien prouvé que l'action de désavouer son opinion, quand cette opinion peut avoir des dangers, soit digne de tant de faveur ? Est-il bien certain que,

(1) Réplique de M. l'avocat du Roi à M. Rioust.

lorsqu'il est ouvertement proclamé que pour avoir droit à l'indulgence, il faut rétracter les pensées qui déplairont au pouvoir, la rétractation soit toujours du repentie? Est-il bien clair enfin qu'une nation où les individus, avertis par les dénonciations, les poursuites, les châtimens, les incarcérations et les amendes, que les opinions sont punies, désavoueraient tout ce qu'ils auraient dit, aussitôt qu'on leur en ferait un crime, fût une nation plus estimable, plus véridique, plus franche, plus morale, qu'avant que ce mérite des désaveux eût été reconnu? Imposer à un homme l'obligation de mentir, en lui montrant de la douceur s'il faiblit, et de la sévérité s'il persiste, ne serait-ce pas travailler à le corrompre? Cette intention peut-elle être celle de la loi, et ce but celui de la justice? Dans nos circonstances, après une révolution, où les hommes n'ont été que trop enclins à désavouer tout ce qu'ils avaient pensé, et où ils ont marché de rétractations en rétractations, et de palinodies en palinodies, est-ce bien ce penchant qu'il faut encourager comme une vertu? Manquons-nous d'hommes qui aient désavoué? M. l'avocat du Roi trouve-t-il qu'en ce genre il y ait disette?

Je passe maintenant à ce qui s'applique plus spécialement au cas particulier.

Je ne veux point exagérer les priviléges des accusés; je conviens, avec M. l'avocat du Roi, que la liberté peut dégénérer en licence. Je crois qu'il y a des bornes à la latitude de défense qui appartient à des prévenus, bien que des prévenus soient pourtant toujours des objets d'intérêt, par leur situation seule, aussi long-temps que leur crime n'est pas démontré.

Je reconnaîtrai donc, pour premier principe, qu'un prévenu se rendrait coupable, quelle que fût la nature de l'accusation portée contre lui, s'il annonçait des projets de résistance, s'il invitait les spectateurs à la rebellion, s'il invoquait d'eux, contre les lois, une assistance illicite.

Je reconnaîtrai de plus que, lorsqu'il s'agit de certains délits, le mode de défense peut devenir une aggravation du crime.

Si l'homme traduit en jugement pour vol ou pour meurtre, érigeait le meurtre ou le vol en principe, au lieu de nier les faits ou de les rejeter sur des motifs qui les atténuent, son apologie serait criminelle.

Mais je ne crois pas qu'il en soit ainsi dans les délits d'opinions politiques.

Je pourrais aller jusqu'à prétendre que, d'après l'intention du législateur, il n'y a point de pareils délits. J'en trouverais la preuve dans le rapport fait à la chambre des pairs, sur la loi relative à la liberté de la presse, rapport dont j'ai déjà cité des fragmens.

« Il ne faut pas confondre, dit le rapporteur, » un écrit légalement inculpé, avec un ouvrage » purement philosophique ou politique dans le» quel un auteur aurait poussé trop loin la li» berté de penser, et serait tombé dans quelque » théorie erronée, *mais sans provocation, sans* » *excitation à la révolte ou à la désobéissance.* » Ce dernier genre d'ouvrages, dans notre légis» lation criminelle, ne paraît pas atteint par des » dispositions pénales. En matière de doctrine, » on pense que c'est à la science à éclairer l'igno» rance, à la vérité à redresser l'erreur (1). »

Il est clair que le rapporteur parle ici d'erreurs politiques; car on n'a jamais songé, du moins dans notre siècle, à poursuivre devant les tribunaux des géomètres pour de mauvais calculs, ou des physiciens pour de mauvaises hypothèses de chimie. Il est donc évident que, dans l'opinion de la chambre des pairs, une doctrine politique,

---

(1) Rapport de M. le comte Abrial à la chambre des pairs. Moniteur du 12 mars.

même erronée, n'est pas justiciable des tribunaux, si elle est séparée de toute provocation, de toute excitation à la révolte ou à la désobéissance.

Mais j'abandonne ce terrain, et je me place sur celui de mes adversaires. J'admets qu'une opinion politique, séparée de tout acte et de toute invitation à agir, puisse être coupable, au moins est-il sûr que dans ce cas la justification de cette opinion, en supposant qu'elle ne l'excuse pas, ne saurait constituer un nouveau délit. Cette justification n'est que l'exposé des motifs qui ont fait concevoir cette opinion. Ce n'est pas un fait nouveau, c'est l'explication d'un fait existant, et cette explication, bonne ou mauvaise, ne saurait constituer qu'un seul et même délit avec le fait qu'elle explique. Elle peut atténuer le délit, en rendant plus concevable l'erreur qu'on reproche à l'accusé, mais elle ne saurait aggraver son crime.

Deux autres questions se présentent à moi ; je prie le lecteur de les examiner.

1°. Ce que la loi n'a pas déclaré délit, peut-il en être un, aux yeux des organes de la loi ? Or, dans nos lois sur la presse, où est celle qui déclare que l'homme qui ne désavoue pas une opinion spéculative (s'il s'agissait d'une allégation calomnieuse, ce serait autre chose) aggrave son délit ou en commet un nouveau ? Si cette loi n'existe pas, M. l'avocat du Roi peut-il la supposer, la créer, et le tribunal peut-il juger d'après cette loi non existante ? Or, cette loi n'existe pas : elle ne peut pas exister. La raison en est simple. Les délits de la presse ne consistent que dans la publicité donnée à des opinions réputées coupables. La pensée n'est pas au nombre de ces délits. Or l'homme prévenu d'avoir publié ce qu'il n'aurait pas dû publier, a commis déjà par-là même le seul délit qu'il puisse commettre. En déclarant qu'il nourrit dans son cœur l'opinion qu'il a manifestée, il ne commet pas un nouveau délit ; car il ne publie rien. (1) Il répond à une interpellation qu'on lui fait, et à laquelle il est forcé de répondre. On lui demande ce qu'il pense, et il le dit. Il a pu être coupable dans ce qu'il a publié ; mais il ne l'est pas, en ne désavouant pas ce qu'il a publié. Car dans cette circonstance, il se borne à ne pas mentir à sa conscience. Qu'il ait tort ou raison, peu importe. Il aurait tort dans l'opi-

---

(1) On verra plus loin ma réponse à l'assertion que la défense étant publique, la persistance dans une opinion répréhensible en renouvelle la publicité.

nion qu'il avait émise, qu'il aurait encore raison, cent fois raison de ne pas désavouer ce qu'il croirait vrai. Etrange doctrine, qui aboutirait à promettre l'impunité à la peur et au mensonge, et qui offrirait un adoucissement à l'auteur condamnable, pourvu qu'il ajoutât à sa première faute un crime d'une nature plus lâche et plus méprisable !

2°. (Et ceci me semble encore plus important), ou l'hypothèse de M. l'avocat du Roi sur l'aggravation du délit ancien est fondée, ou elle ne l'est pas. Si elle ne l'est pas, et que le délit soit resté le même, de quel droit, à quel titre la peine est-elle aggravée ? Si l'hypothèse de M. l'avocat du Roi est fondée, et qu'il y ait un nouveau délit, ce nouveau délit exige une nouvelle dénonciation, une instruction nouvelle. Un tribunal peut-il prononcer sur un nouveau délit, sur un autre délit que celui qui lui a été déféré, en mettant de côté toutes les formes prescrites pour l'instruction de tous les délits ? Ainsi donc, dans la première supposition, l'accusé se trouve condamné sous un faux prétexte. Dans la seconde, s'il y a nouveau délit, il se trouve puni, sans avoir été jugé : car il n'y a pas de jugement sans instruction, et il n'y a pas d'instruction sur le délit nouveau. Et remarquez que c'est précisément pour le délit sur lequel il n'y a pas d'instruction que la peine est la plus sévère. M. l'avocat du Roi requiert que l'écrivain, « attendu qu'il vient de tenter de nouveau » d'affaiblir le respect dû à l'autorité du Roi, » soit condamné à deux années d'emprisonne- » ment (au lieu de trois mois), à 20,000 fr. » d'amende (au lieu de 5000), à dix ans de » surveillance (au lieu de deux), et à un cau- » tionnement de 20,000 fr. (au lieu de trois.) »

Chacune des paroles de M. l'avocat du Roi, en prenant ces conclusions nouvelles, fortifie mes raisonnemens. Si une plaidoirie peut devenir un délit, il faut prouver qu'elle l'est devenue. Il faut une instruction pour cette preuve. Ce doit être un nouveau procès pour un nouveau fait. Il y a illégalité dans l'accumulation de deux faits, dont l'un s'instruit, et dont l'autre se juge, sans avoir été instruit, comme le premier. Je le répète; ou il n'y a pas de nouveau délit, alors toute cette partie des conclusions de M. l'avocat du Roi tombe, et l'aggravation de la peine est une violation de toutes les règles de la justice, ou s'il y a nouveau délit, il faut commencer de nouvelles procédures (1).

---

(1) Cet objet est assez important pour mériter quelques

Sans doute, nous entrons ici dans un cercle vicieux. On met un auteur en jugement pour le

---

développemens ultérieurs. En admettant, ce qui n'est pas, que la défense d'un accusé, sur-tout pour opinion, puisse devenir un délit, c'est un délit commis à l'audience, en présence des juges. Or, le Code d'instruction criminelle a pourvu à la punition des crimes commis en ce lieu et de la sorte. Ce Code autorise le tribunal à prononcer, séance tenante et immédiatement après que les faits ont été constatés, art. 505; mais il suppose toujours une nouvelle instruction; car l'art. 507 porte: la Cour entendra les témoins, le délinquant et le conseil qu'il aura choisi, ou qui lui aura été désigné par le président, et après avoir constaté les faits, et ouï le procureur général, elle appliquera la peine par un arrêt qui sera motivé. Rien de tout cela n'a été observé dans l'affaire de M. Rioust. Il n'y a point eu de nouvelle instruction; les juges se sont servis de témoins à eux-mêmes; il n'y a point eu de nouvel arrêt. Le fait est que le prévenu a été condamné, pour son premier délit, la publication de son ouvrage, par une procédure régulière, à trois mois d'emprisonnement, 3000 fr. d'amende, deux ans de surveillance, 3000 fr. de cautionnement; et pour son second délit, c'est-à-dire sa défense, sans avoir été jugé, sans qu'aucune formalité ait été remplie, il a été condamné en sus à neuf mois d'emprisonnement, à 7000 fr. d'amende, à trois ans de surveillance, et à 7000 fr. de cautionnement. Si sa défense n'a pas été un délit, rien de plus injuste que cette punition. Si sa défense a été un délit qu'on a cru découvrir dans la publication d'un ouvrage. Il se défend; sa défense est un nouveau délit. On le remet en jugement une seconde fois pour cette défense. Il se défend de nouveau sur cette seconde accusation : sa seconde défense est un troisième délit; il faut une troisième poursuite. Ainsi, de défenses en poursuites et de poursuites en défenses, on pourrait aller jusqu'à l'infini. Cette marche est absurde; mais il n'en résulte pas que, pour éviter une absurdité, il faille tomber dans une injustice. C'est votre principe qui rend nécessaire cet enchaînement ridicule de procès sans terme; c'est à ce principe qu'il faut renoncer.

Examinons en effet de près cette jurisprudence qui fait de la défense d'un accusé un péril inattendu pour cet accusé. Quoi! le tribunal l'écoute;

---

délit, rien de plus irrégulier que cette manière de procéder. Ou il y a eu une punition sans délit, ou s'il y a eu punition d'un délit, il y a eu punition sans formes. Si l'on objectait que les articles 505 et 507 du Code d'instruction criminelle ne s'appliquent point à un tribunal de police correctionnelle, il ne resterait alors que les articles 83, 91 et 92 du Code de procédure civile, dont le premier n'autorise qu'une détention de 24 heures, le second une détention d'un mois au plus, et un amende dont le maximum est de 300 fr., et dont le troisième ordonne le renvoi à un autre tribunal.

il croit parler sous la protection de la loi ; il fait ses efforts pour échapper au danger qui l'entoure : il se défend comme il le peut, dans la persuasion bien fondée (car telle a été la volonté, tel a été l'ordre du législateur, ordre impliqué virtuellement dans l'autorité discrétionnaire dont il a revêtu le président du tribunal) ; il se défend, dis-je, dans la persuasion que s'il s'égare dans sa défense, ce président qui en a le droit, qui en a le devoir, l'avertira qu'il sert mal sa cause, qu'il la compromet, qu'il se livre à des divagations blâmables qui lui seront nuisibles. Mais non, le président ne l'interrompt point ; on le laisse s'engager dans ce sentier funeste où son trouble le précipite ; on enrégistre chaque parole que la crainte ou l'irritation lui dictent, ou qu'il a tracée d'une main rapide dans un moment de ressentiment ou de terreur, et l'on convertit en crimes nouveaux ces paroles qu'on aurait dû arrêter !

J'ai assisté à des procédures en Angleterre. Les juges n'attendent pas en silence que l'accusé se perde à son insu ; ils ne le contemplent pas qui marche à sa ruine, comme s'ils comptaient chaque pas imprudent qui l'approche de l'abîme. Ils l'avertissent avec soin de ne rien laisser échapper qui puisse lui nuire ; ils le ramènent avec bienveillance dans les limites qu'il ne doit pas franchir pour sa propre sûreté; ils le garantissent en quelque sorte contre lui-même; ils sont attentifs à ce qu'un infortuné, déjà frappé par la société, n'aggrave pas son sort par son ignorance des formes, par la passion qui l'égare, par l'irritation naturelle dans une situation douloureuse. Organes de la loi, ils sont en même temps, dans leur paternelle sollicitude, les protecteurs du faible, tant qu'il n'est pas reconnu coupable. C'est alors une bien auguste fonction que celle des juges (1).

Est-ce le respect pour le droit naturel de la défense, qui interdit aux nôtres d'interrompre l'accusé, et leur commande de l'entendre, quoi qu'il puisse dire? Mais alors comment ce respect pour la défense leur permettrait-il de faire de cette défense même un sujet d'accusation sur lequel ils prononceraient sans instruction et sans formes? Qu'ils abjurent plutôt ces égards déplorables dont l'objet devient la victime; qu'ils empêchent ce qu'ils se verraient ensuite forcés de punir, ou qu'ils ne punissent pas ce qu'ils n'ont pas voulu empêcher.

---

(1) The judge, in the humane theory of the english law, ought to be counsel for the prisoner. Erskine's speech on the Trial of the Dean of Saint Asaph.

D'ailleurs, est-il donc sans exemple parmi nous qu'on ait obligé des accusés à supprimer une portion de leur défense? Dans plus d'un procès, ce me semble, les juges ont réclamé ce pouvoir. Ne faisons pas dire à la malveillance qu'on n'écoute les accusés avec ce scrupule que lorsqu'il s'agit d'aggraver leur sort, et qu'on ne tolère leurs paroles que pour y puiser des armes contre eux.

Arrêtons-nous encore un instant sur ce nouveau point de vue d'après lequel on applique à la réponse d'un accusé, réponse à laquelle il est contraint (car puisqu'on le poursuit, il faut qu'il se défende), une législation dirigée contre les cris séditieux poussés spontanément dans les lieux publics. « Dans le sens de la loi du 9 novembre » 1815, dit M. de Vatisménil, une plaidoirie » de cette nature peut devenir un délit. Est-il » un lieu plus public que le sanctuaire de la jus- » tice »? M. de Vatisménil n'a pas senti qu'il transformait sans le vouloir en embûches pour les accusés une garantie créée toute entière en leur faveur, la publicité des procédures! Ce serait frapper l'homme traduit devant la justice du bouclier même dont la justice a voulu le couvrir! Si cette doctrine était admise, aurait-il eu tort, le noble pair, qui, parlant contre la nouvelle loi, disait que ce que l'on présentait comme un bienfait, deviendrait un piége?

Une dernière réflexion se présente à moi. Si chaque mot que profère un prévenu peut lui être imputé à crime, quelle ne doit pas être la situation de tout prévenu, dans un pays où, depuis trente ans, il est de tradition et d'usage que le ministère public accable d'injures ceux qui sont traduits devant les tribunaux, avant que leur crime soit prouvé, avant que la loi ait prononcé sur leur destinée ?

Je n'ai malheureusement pas besoin de citer des exemples. A toutes les époques de la révolution, sous tous les Gouvernemens qui se sont renversés et remplacés, le ministère public, par un étrange renversement de tous les principes, par un excès de zèle que n'ont jamais fatigué ni refroidi, soit la nature des lois dont il invoquait l'application, soit la qualité des pouvoirs qu'il servait, s'est cru le droit, et l'on dirait presque le devoir, de considérer l'accusé comme convaincu, et de verser sur lui, en sa présence, tout l'odieux et tout l'opprobre qu'aurait mérité le crime prouvé.

Il s'est introduit de la sorte, au détriment des malheureux accusés, avant la peine portée par la loi, et lorsqu'il est incertain que cette peine soit prononcée, un supplice plus affreux peut-être, celui de subir en silence toutes les insultes dont les accablent des hommes qui semblent ne voir qu'un sujet d'éloquence dans ce qui déchire l'ame de leurs semblables et doit souvent les conduire à la mort.

La révolution, que je n'aime pas à accuser trop légèrement, est pourtant une des causes de cette déplorable habitude. L'esprit de parti, la fureur des factions, l'expliquaient sans la justifier. Mais aujourd'hui, puisque la révolution est finie, ce détestable usage aurait dû cesser. Qu'on relise néanmoins la plupart des procès qui ont eu lieu depuis deux années, l'on verra, comme auparavant, l'invective, le mépris, l'ironie, prodiguées dès les premières lignes, dans les réquisitoires et les plaidoiries du ministère public.

Or, je le demande, si tel est le traitement que les accusés éprouvent, à la face des juges, en présence d'auditeurs nombreux, avant la conviction, quand il se peut qu'ils soient innocens, quand on doit les présumer tels, puisque rien encore n'est prouvé contre eux; quelle patience ou quelle prudence humaine résisterait à l'indignation qu'inspire un tel abus de la force? Et c'est après que le prévenu a dévoré, sans pouvoir répondre, ces longues heures d'humiliations et d'outrages, quand tout ce qu'il a d'irritable ou de généreux dans sa nature, a été provoqué de mille manières ; c'est alors qu'on exige que dans sa défense, il soit impassible, respectueux, modéré ! C'est alors que l'on pèse chaque expression qui lui échappe ; et si le sentiment de son honneur blessé, de ses intentions aggravées, de toute sa vie souillée de couleurs odieuses lui arrache une réplique animée ou un cri d'indignation, l'on travestit *en délit nouveau* ce mouvement qui serait honorable dans un coupable même, et on le punit de ne s'être pas laissé fouler aux pieds par une autorité fière de parler seule et de s'acharner sur la faiblesse.

Je ne sais si je me trompe : mais il me semble que les fonctions d'un avocat du Roi se bornent à indiquer au tribunal la question qu'il doit juger, à présenter cette question sous ses divers points de vue, à rassembler les faits, à rapprocher les circonstances, à peser les probabilités. Sans doute, il y a, dans l'exercice de ces fonctions mêmes, un degré de blâme que le magistrat qui poursuit un accusé ne peut s'empêcher de diriger contre lui, s'il le croit coupable ; mais ce degré de blâme qui doit toujours être accompagné d'une expression de regret, est mitigé par l'humanité, et circonscrit par la convenance, et toute conviction qui le dépasse, toute ironie sur tout, qui au lieu du regret décèlerait le secret triomphe, est un luxe de barbarie et un abus de pouvoir.

Dans les causes relatives à la liberté de la presse, il me paraît de plus, que le magistrat doit s'abstenir de ces insinuations faciles et insultantes sur le mérite littéraire de l'ouvrage poursuivi. Ce mérite est parfaitement étranger à la question. Le magistrat n'est que l'organe de la loi. Son opinion personnelle sur ce qui n'est pas de la compétence de la loi, ne doit pas s'exprimer dans un lieu où la loi seule doit se faire entendre. Parlant contre un homme qui ne saurait lui répondre, il ne doit rien se permettre qui ne soit indispensable à sa cause. L'autorité qui sévit contre les crimes, n'a pas le droit de se donner le passe-temps puéril d'humilier les amours propres. Le magistrat, en sa qualité de magistrat, doit être tout entier à ses fonctions, et comme citoyen, il doit bien plutôt être affligé d'avoir à provoquer contre un citoyen un châtiment sévère, qu'occupé encore, dans cette occasion triste et solennelle, d'une frivole envie de briller.

Quand je vois, dans le premier des deux procès qui m'ont suggéré ces réflexions, l'un de MM. les avocats du Roi, après avoir déclaré qu'il ne ferait pas un crime à l'auteur de je ne sais quelle épigraphe qu'il avait choisie, la qualifier pourtant *d'insolente*; quand, non content de dire que l'écrivain est un *séditieux*, ce qui est de son ressort, il ajoute qu'il est un *menteur*; quand il verse, à tort ou à raison, le ridicule sur des phrases qu'il ne dénonce point comme condamnables, et que, reconnaissant un peu tard que ces digressions sont étrangères à la cause, il finit par s'écrier dédaigneusement : *j'abandonne ces sottes et belles choses*, je sens mon sang bouillonner dans mes veines; et je prendrai la liberté de lui dire que sa mission est de définir les choses qu'il trouve *coupables*, et non de relever les choses qu'il trouve *sottes*; qu'il peut démontrer qu'une doctrine est attentatoire à l'ordre public, sans adresser à un prévenu une injure que la convenance interdit, dont l'honneur s'indigne, injure qu'un magistrat peut d'autant moins appliquer à un accusé, qu'il est à l'abri des conséquences que cette injure appelle; enfin que le moment n'est pas heureux pour les antithèses et les épigrammes, quand il est question de peines afflictives, d'amendes et de cachots.

Je me résume; si MM. les avocats du Roi ont le droit de flétrir des épithètes les plus insultantes les écrivains qu'ils poursuivent; si les tribunaux, chargés de juger ces écrivains, ont celui de les condamner pour une défense qu'ils n'ont pas interrompue ; si la défense d'un accusé, qualifiée de délit, peut être jugée sans instruction spéciale et sans un examen à part, je ne vois plus quelle est la garantie des accusés, ni le refuge de l'innocence.

Et consultons les faits ; ils sont nombreux et frappans, ces faits, dans les deux seuls procès qui aient été instruits jusqu'à ce jour. Le premier des deux prévenus se défend devant le tribunal de première instance, et sa peine est triplée. Il s'abstient de paraître et il confie sa défense à un avocat devant le tribunal d'appel, et sa non comparution est interprétée en confession de son crime, et M. l'avocat du Roi le peint comme honteux de sa faute et craignant l'œil de la justice (1). Dans le second procès, le prévenu se contente de relire les phrases de l'autorité accusatrice : on le taxe d'ironie (2). Ne pouvant faire imprimer sa justification, il y renonce : on le menace de le condamner par défaut.

Ainsi, la défense constitue un délit ; le silence entraîne la coutumace ; la présence est un danger ; l'absence un aveu. Dans ce dédale inextri-

(1) Moniteur du 1er. mars.

(2) Moniteur du 30 avril.

cable, je demande à MM. les avocats du Roi, je demande à MM. les juges, ce que les accusés doivent faire pour ne pas aggraver leur sort (1).

La solution de la quatrième question ne me semble pas douteuse. Le Roi qui a voulu la liberté de la presse, les ministres qui ont travaillé dans leurs dernières lois à la mieux garantir, les chambres qui n'ont voté deux lois d'exception que sur la promesse que la publicité étant assurée réprimerait tous les abus, n'ont pas entendu que les écrivains fussent soumis à un genre de procédure qui les livrerait, sans protection, à la merci du pouvoir, puisqu'ils ne pourraient se défendre sans encourir de nouvelles peines.

---

(1) M. Hua semble avoir aperçu dans le second procès les conséquences d'un pareil mode de procéder : car il a cru devoir donner à M. Chevalier, en l'invitant à se défendre, l'assurance que sa défense ne lui attirerait pas de nouvelles peines, lors même qu'il persisterait dans son opinion. Mais quelle législation ne serait-ce pas, que celle où les accusés trembleraient de faire usage de leur droit le plus naturel et le plus sacré !

VII.

Cinquième question.

L'imprimeur qui a rempli toutes les formalités prescrites par les lois et par les réglemens de la librairie, peut-il néanmoins être condamné comme complice de l'écrivain ?

M. de Vatisménil, dans les deux procès qui ont eu lieu, en vertu de la nouvelle législation de la presse, a établi en principe que « lors- » qu'un livre était condamnable, l'imprimeur » n'était point à l'abri des poursuites judiciaires, » bien qu'il eût obéi aux lois et aux réglemens » de la librairie; que les deux imprimeurs mis » en jugement n'étaient pas accusés d'y avoir » manqué; mais que la présence de l'auteur » responsable ne faisait point disparaître la res- » ponsabilité de l'imprimeur, et que celui qui » avait prêté son ministère à la publication d'un » écrit coupable était nécessairement complice » de ce délit. »

Le tribunal de première instance, qui avait rejeté les conclusions de M. l'avocat du Roi, dans la première cause, les a adoptées dans la seconde, et a condamné un imprimeur qui avait rempli toutes les formalités, « parce qu'il avait » imprimé, vendu et distribué l'ouvrage; que » même il l'avait fait sciemment, et avait ainsi » aidé et assisté l'auteur, et s'était rendu par-là » son complice. »

M. l'avocat général, devant la Cour royale, a persisté dans les conclusions de son collégue en première instance, et le tribunal, en cassant l'arrêt et en acquittant l'imprimeur, n'a point motivé son jugement sur ce que les formalités avaient été remplies, mais « sur ce qu'il n'avait été clairement établi, ni dans les débats, ni dans l'instruction, que l'imprimeur eût reconnu l'esprit » séditieux de l'écrit; sur ce qu'il était possible » que, dans une lecture rapide, il n'eût point » remarqué l'intention criminelle dans laquelle » il avait été composé; et sur ce qu'en consé» quence il ne pouvait être considéré comme » complice. »

Le cinquième axiôme de la nouvelle jurisprudence est donc que l'imprimeur qui a rempli toutes les formalités prescrites par les réglemens de la librairie pour la publication d'un ouvrage, peut néanmoins être condamné, s'il est convaincu d'avoir compris l'ouvrage qu'il a publié.

Les habiles défenseurs des deux imprimeurs

poursuivis ne m'ont presque rien laissé à dire sur cette maxime destructive par ses conséquences de toute liberté de la presse.

Ils ont prouvé que l'état d'imprimeur étant un état exclusif et privilégié, les imprimeurs devaient leurs presses à quiconque les invoquait pour publier ou des idées qu'il croyait utiles, ou des réclamations qu'il prétendait fondées; qu'ils ne pouvaient se constituer juges, ni de la vérité des unes, ni de la justice des autres; que leur seul devoir était d'éviter toute clandestinité; qu'ils étaient à l'abri de tout reproche, quand ils ne dissimulaient ni leur imprimerie, ni leur demeure, ni leur nom, ni celui de l'auteur; que la liberté de la presse deviendrait tout-à-fait illusoire, si ceux qui en sont les instrumens nécessaires craignaient d'être compromis dans l'exercice légitime et légal de leur état; qu'ils trouvaient leur code politique, civil et criminel dans la loi du 21 octobre 1814; que là étaient indiquées toutes les causes qui pouvaient leur faire perdre ou leur privilége ou leur liberté, et que lorsqu'ils observaient religieusement cette loi, lorsqu'ils marchaient sans détour sur la ligne qu'elle leur avait tracée, lorsqu'ils mettaient les autorités à même de surveiller, et que ces autorités gardaient un silence approbateur, rien, sans un bouleversement de tous les principes, ne pouvait être allégué contre eux.

MM. les avocats du roi ont répondu à ces raisonnemens par une application de la loi du 9 novembre 1815, et c'est aussi sur cette loi que le tribunal de première instance a fondé son jugement.

D'après la nouvelle jurisprudence, je n'oserais guère imprimer pour la première fois ce que j'ai écrit à ce sujet il y a quatre mois, comme si j'avais prévu l'influence de cette loi sur la législation de la presse; mais je me flatte que ce qui n'a pas été traité alors de proposition séditieuse, et ce qui a obtenu l'approbation d'un censeur nommé par l'autorité, ne me sera pas aujourd'hui imputé à crime.

« La loi du 9 novembre, écrivais-je, dans le « Mercure du 1er. février, est très-sévère, et ce » qui est beaucoup plus fâcheux, très-vague. Personne ne peut avoir oublié dans quelles conjonctures cette loi fut rendue. Présentée par le » ministère dans un moment de crise, aggravée » par les chambres alors assemblées, elle fut le » premier symptôme du système de sévérité et » même de violence que voulait faire prévaloir » un parti que des souvenirs et des calamités ré» centes avaient rendu puissant. Le ministère

» eut le mérite de n'accorder à ce parti qu'un
» demi-triomphe : mais la loi du 9 novembre ne
» s'en ressentit pas moins de l'influence des cir-
» constances (1). »

Cependant, cette loi du 9 novembre, toute rigoureuse qu'elle est, n'a manifestement pour but que d'empêcher les cris séditieux, les provocations à la révolte, les pamphlets incendiaires ; et si le vague de sa rédaction peut inquiéter les écrivains, cette rédaction n'autorise point la mise en jugement d'un imprimeur, comme complice de l'auteur coupable, quand cet imprimeur, en remplissant toutes les formalités, a non-seulement averti l'autorité de ce qu'il voulait faire, mais l'a consultée sur ce qu'il avait fait.

Car la déclaration qui précède l'impression d'un ouvrage est un avertissement à l'autorité. Le dépôt qui précède la mise en vente de cet ouvrage équivaut à une consultation. L'autorité a le temps de prendre connaissance de l'ouvrage et d'empêcher qu'il n'acquière une publicité dangereuse. Si, après avoir ordonné les formalités qui facilitent la surveillance, l'autorité ne veut pas s'en prévaloir, ce n'est pas l'imprimeur qui est

(1) Des chambres, art. V, Examen du projet de loi sur la liberté de la presse.

coupable. Si l'autorité, étant avertie à temps, laisse paraître l'ouvrage dangereux, ce n'est pas l'imprimeur qu'on peut taxer de complicité.

« Mais, dit le tribunal de première instance, » si l'administration peut examiner les ouvrages » déclarés et déposés, elle n'est pas forcée de » le faire. Cette obligation est laissée toute en- » tière à la charge des auteurs et des impri- » meurs (1). »

Cette réponse serait peut-être valable, si l'ordre de déclarer et de déposer les ouvrages, n'était pas émané de l'autorité, mais si c'était une offre volontaire des auteurs ou des imprimeurs. L'on pourrait dire alors qu'ils n'ont pas le droit d'importuner le Gouvernement en le consultant sur les publications qu'ils projettent; que c'est à eux à bien examiner ce qu'ils publient, et à se décider, en vertu de la liberté de la presse à leurs risques et périls. Mais la déclaration et le dépôt des ouvrages étant ordonnés par l'autorité, implique qu'elle a eu un but en les ordonnant. Ce but est manifestement de se donner le moyen de vérifier que les ouvrages prêts à paraître ne contiennent rien de préjudiciable à l'ordre public. C'est

---

(1) Considérans du jugement contre les sieurs Chevalier et Dentu.

donc l'autorité qui a volontairement pris sur elle le soin de s'en assurer. Elle a choisi ce mode, de préférence aux autres modes, qu'elle aurait pu également prescrire. Maintenant si elle se plaît à rendre ses propres précautions illusoires, que pourra faire l'imprimeur ? Solliciter une permission formelle , il ne l'obtiendrait point : elle n'est pas dans la loi. On lui répondrait avec raison, et avec une indignation généreuse, qu'une telle permission serait illégale, qu'elle équivaudrait à la censure qui est abolie, et que nous jouissons de la plénitude de la liberté de la presse. Devra-t-il lire et relire attentivement l'ouvrage, pour découvrir ce qu'un avocat du Roi pourra y trouver? Quelque soin qu'il y mette, je le défie de prévoir le sens secret, indirect, occulte, que démêle dans les phrases les plus simples, une sagacité exercée à ce genre d'interprétation.

Remarquez bien qu'il n'y a point de prescription pour cette nature de délits. L'une des brochures qui ont causé la mise en cause de deux imprimeurs était publique depuis trois mois. Ainsi, chaque imprimeur est éternellement sous la main de M. l'avocat du Roi. Chaque ouvrage publié devient pour lui l'épée de Damoclès, suspendue indéfiniment sur sa tête.

Je ne fais point à MM. les avocats du Roi l'injure de supposer qu'ils soient accessibles à des passions personnelles. Mais si, par impossible, une fois, dans l'avenir, l'un d'entre eux était moins que ses collègues au-dessus de toutes les erreurs de l'humanité, un imprimeur qui aurait eu le malheur de lui déplaire, n'aurait-il pas à craindre de voir soudain interpréter quelques-uns des ouvrages qu'il aurait publiés, n'importe quand? Un magasin de librairie serait un arsenal d'armes terribles contre tout libraire ou tout imprimeur.

« Non, dit M. l'avocat du Roi près la Cour » royale. Si l'imprimeur a pu douter du sens » des choses qu'il a imprimées, si l'on peut » penser qu'il ne les a pas comprises, il sera » absous (1). »

S'il a pu douter! si l'on peut penser! Ainsi les jugemens des tribunaux se composeront de conjectures sur l'intelligence de chaque imprimeur, car un brevet ne confère pas à tous ceux qui en jouissent un égal degré d'intelligence. Il faudra de plus rechercher la clarté ou l'obscurité relatives de chaque phrase, autre recherche assez difficile; car ce qui est obscur pour l'un est

---

(1) Réplique de M. Hua dans le procès de M. Dentu.

clair pour un autre : et qu'arrivera-t-il, si le tribunal trouve clair ce que l'imprimeur a trouvé obscur ? Comment prouver à un homme qu'il a compris tel passage, qu'il a pris telle expression dans tel sens ? Si, par exemple, pour rappeler un fait déjà rapporté plus haut, un imprimeur affirme qu'il a donné au mot *débonnaire* une acception favorable, parce qu'il s'est nourri des beaux vers de Cinna, comment lui démontrer le contraire ? Ne voit-on pas à quelles puériles disputes de mots, à quelles chicanes, à quelles tortures grammaticales cette jurisprudence donne lieu ?

Ce ne sera pas tout. Il faudra constater comment l'imprimeur a lu l'ouvrage, combien de minutes il a employées à le parcourir : car la Cour royale n'a acquitté le sieur Dentu qu'en considération de ce que sa lecture *de la lettre à M. de Cazes* avait été *une lecture rapide:* ce qui, soit dit en passant, serait dans la nouvelle doctrine une assez mauvaise justification : si l'imprimeur est responsable, l'inattention n'est en lui qu'une faute de plus, faute d'autant plus nécessaire à réprimer qu'admise une fois comme apologie, elle sera toujours alléguée.

Il y a vraiment une fatalité dans les questions relatives à la liberté de la presse. Par la portion de la loi du 21 octobre 1814, qui est maintenant abrogée, et qui n'exceptait de la censure que les ouvrages au-dessus de vingt feuilles, on invitait les écrivains à être diffus. Par la nouvelle doctrine, on invite les imprimeurs à se déclarer dépourvus d'intelligence, et les auteurs à être obscurs.

« Mais, demandent MM. les avocats du Roi, » où serait le mal si les imprimeurs se consti- » tuaient les censeurs des livres ?

Le mal, je le dirai.

J'aime à rendre aux imprimeurs la même justice que leur a rendue M. l'avocat du Roi près la Cour royale. Je pense, comme lui, qu'on trouve dans cette classe estimable, beaucoup de gens instruits et même de littérateurs distingués ; et j'adhère d'autant plus volontiers à cet éloge que je n'en fais pas une préface pour requérir contre eux des amendes et des détentions.

Mais, comme l'a fort bien remarqué M. Blacque dans la défense de M. Dentu, il n'en est pas moins vrai que les imprimeurs ne peuvent réunir en politique, en théologie, en littérature, en législation, les connaissances requises pour juger les ouvrages qu'ils impriment. Leur brevet ne leur donne pas la science universelle. Si vous les rendez responsables des erreurs contenues dans ces ouvrages, ils n'auront qu'un parti à prendre, celui de suivre l'axiôme de Zoroastre : *Dans le doute, abstiens-toi* : et ils s'abstiendront de tout ce qui leur paraîtra propre à les compromettre.

Qui pourrait en effet leur en faire un crime? Il leur faudrait une vertu plus qu'humaine pour exposer leur état, leur fortune, l'aisance de leurs familles, leur liberté, leurs intérêts les plus chers enfin, en publiant ce qu'on leur présenterait comme des vérités utiles ou des réclamations courageuses. Ils n'en recueillent pas la gloire, ils n'en voudront pas courir le danger.

Ceci n'est pas une hypothèse chimérique., une gratuite supposition. La nouvelle jurisprudence est d'une date récente; elle n'est pas encore, on peut s'en flatter, solidement établie.

Nous voyons cependant déjà vingt-deux imprimeurs refuser d'imprimer l'apologie de M. Chevalier, et un accusé réduit à ne pouvoir faire connaître sa justification au public. Cela est un peu différent des espérances que nous avions conçues, quand M. le ministre de la police et M. Becquey, commissaire du Roi, disaient à la tribune, « que les écrits de tout genre, les pamphlets, les » réclamations des citoyens, circuleraient en li- » berté, que mille portes leur étaient ouvertes, » et que rien de ce qui était écarté des journaux

» ne serait empêché de paraître sous toute autre
» forme (1). »

Le public a pu croire qu'il y avait quelqu'exagération dans les vingt-deux refus dont M. Chevalier s'est plaint à la Cour royale. Je conviendrai franchement que je l'avais cru moi-même, et comme cette impossibilité d'imprimer était un des meilleurs moyens de défense que cet écrivain pût employer, j'avoue que je le soupçonnais de n'avoir pas mis beaucoup d'insistance dans ses efforts pour vaincre un obstacle qui servait sa cause.

Mes doutes ont cessé, lorsque m'étant adressé, pour publier ces *Questions*, à un imprimeur estimable et distingué, avec lequel j'avais des relations anciennes, j'ai reçu de lui la réponse suivante. Je la transcris littéralement, en supprimant le nom de l'écrivain qui peut-être s'inquiéterait de la publicité de ses inquiétudes.

« Depuis trois mois que les tribunaux m'ont fait
» connaître la législation actuelle de la presse
» en France, je suis forcé de refuser d'imprimer
» tout ce qui est relatif aux intérêts de mon pays.
» Il faut espérer qu'une nouvelle loi expliquera
» les anciennes, et fera connaître d'une manière

(1) Voy. les citations dans les premières pages.

» positive les devoirs et les droits des imprimeurs.
» Jusque-là ce serait risquer de perdre mon état,
» ce que je ne veux faire, parce qu'il est toute
» la fortune de ma famille. Recevez l'assurance
» de tous les regrets de votre dévoué et recon-
» naissant serviteur. »

Si telle chose est arrivée à un écrivain qui ne passe pas, que je sache, pour un auteur séditieux, à un écrivain qu'on a plutôt accusé, sinon d'être dans les opinions ministérielles, car j'en ai combattu plusieurs, au moins d'incliner en faveur d'un ministère qui, je le pense, a rendu, le 5 septembre 1815, un grand service à la France, à un écrivain enfin qui est attaqué chaque jour, comme partisan de ce ministère, dans un journal anglais, enrichi tous les couriers, par ses illustres correspondans de Paris, d'anecdotes un peu fausses, mais bien rédigées (1), quelles difficultés les mêmes alarmes n'opposeraient-elles pas à la publication d'ouvrages qui pourraient être beaucoup moins modérés, sans être coupables?

« Menacez, enfermez un imprimeur, disait un
» de nos députés dans la session dernière, et la
» frayeur, car je n'ose dire la terreur, sera telle

(1) Le New-Times, journal dirigé par un homme renvoyé du Times.

» que, ne manquant jamais d'écrivains pour dire » la vérité, vous ne trouverez jamais personne » pour l'imprimer (1). »

De la sorte, on anéantirait la liberté de la presse bien plus efficacement que par tous les moyens de violence ouverte que la constitution réprouve et qui souleveraient l'opinion; on frapperait cette liberté sourdement dans sa racine; on la tuerait avec ironie. On dirait aux écrivains, *imprimez*, et ils ne trouveraient plus de presses; on dirait aux opprimés, *plaignez-vous*, et leurs plaintes seraient étouffées (2). La condamnation des imprimeurs, quand ils ont rempli les formalités qu'on leur a prescrites, serait dans la législation de la presse, ce que la condamnation des avocats qui défendent les accusés, serait dans la législation criminelle; elle serait plus injuste en-

---

(1) Moniteur du 30 janvier 1817.

(2) *Tout cela n'est que de la déclamation*, a dit M. Hua à M. Chevalier, qui demandait un imprimeur d'office. *Imprimez votre défense, vous en êtes parfaitement le maître.* M. Hua ne voulait pas sans doute insulter à l'impuissance où se trouvait M. Chevalier de suivre son conseil. Mais la position du prévenu, entre un magistrat qui lui disait, *imprimez*, et des imprimeurs qui lui répondaient, *on nous ruinerait*, *si nous imprimions*, était exactement telle que je l'ai peinte.

core, car il resterait aux accusés la ressource de se défendre eux-mêmes, et nos lois sur l'imprimerie interdisent à tout autre qu'aux imprimeurs brevetés de rien imprimer.

Tel n'a pas été le vœu de la loi ; telle n'a pas été l'intention du gouvernement ; telle n'est pas non plus, je le pense, celle de MM. les avocats du Roi. Entraînés par leur zèle, et marchant dans une carrière toute nouvelle, à pas peut-être précipités, ils n'ont ni calculé ni prévu les conséquences de ces premiers pas.

VIII.

CONCLUSION.

J'ai fini ce travail, dans lequel j'ai, pour la quatrième fois, défendu la liberté de la presse.

Les axiômes que MM. les avocats du Roi ont pris pour base de leur nouvelle doctrine, sont destructifs de cette liberté. Ces axiômes et la pratique qui s'en est suivie sont donc contraires et à la lettre de notre charte, et à l'esprit des lois promulguées, sur cette importante portion de nos droits.

J'ai déclaré, en commençant cet écrit, que je n'attribuais point aux magistrats contre les assertions desquels j'ai osé m'élever, l'intention d'étouffer une liberté que notre pacte constitutionnel consacre et que le Roi a promise. Leur zèle, leur peu d'expérience sur des questions neuves, la difficulté d'asseoir des règles faites avant de les avoir éprouvées, telles sont les causes de leurs erreurs : mais ces erreurs sont graves.

Quand je n'en aurais pas fourni la preuve détaillée, cette preuve résulterait encore des seules péroraisons qui ont terminé les plaidoiries éloquentes de ces magistrats. Car l'un et l'autre ont professé les mêmes principes, et ont marché fidèlement dans le même sentier.

Ceu duo nubigenæ descendunt montibus altis
centauri . . . .

« Un exemple est encore nécessaire » a dit M. de Vatisménil dans ses conclusions contre M. Chevalier. « La condamnation que vous avez » prononcée récemment, et le jugement que » vous rendrez dans cette cause, Messieurs, » apprendront aux auteurs que ce n'est pas *sans* » *péril* qu'on se livre avec emportement à la » critique des personnes et des choses que l'on » doit respecter. Ils apprendront que la mesure, » le tact, la bonne foi, la pureté d'intention, et » surtout le respect pour le Roi, sont des qua-

» lités indispensables pour tout écrivain qui veut » traiter *sans danger* des matières de Gouver- » nement. . . . . Si vous ne réunissez pas toutes » ces qualités, hommes de lettres, *fuyez la* » *carrière périlleuse de la politique*. Le do- » maine des sciences et des arts est assez vaste... » Si votre génie vous pousse vers les matières » d'intérêt public, que le commerce, les finances, » l'économie politique, l'amélioration des codes, » soient l'objet de vos méditations. . . . Faites- » mieux encore. Les saines doctrines, la mo- » rale, la religion, le gouvernement monar- » chique, ont été ébranlés : employez vos efforts » à les raffermir : alors, au lieu de *périls* vous » trouverez la gloire. . . . Et vous, imprimeurs, » *si les saisies vous fatiguent, si vous voulez* » *éviter la peine de la complicité*, constituez- » vous les censeurs des auteurs (1). »

Quand je compare ce langage à celui de nos ministres et de nos députés, je crois comparer deux pays, deux siècles, et deux codes différens.

Quoi ! M. Camille Jordan, conseiller d'état, affirmait en janvier dernier « qu'un écrit impru- » dent défendrait plutôt son auteur d'une arres- » tation d'ailleurs méritée, qu'il ne l'exposerait

(1) Moniteur du 16 avril.

» à une arrestation injuste (1) », et M. de Vatisménil nous parle six fois en 28 lignes des périls qui entourent les écrivains ! Il veut les épouvanter par des exemples, et *fatiguer* les imprimeurs par des saisies ! Que sont devenues, et cette libre circulation des pamphlets (2), et ces réclamations de la nation arrivant de toutes parts aux pieds du trône (3), et ces vérités réfugiées dans tous les écrits, hors les journaux, et du sein de ce brillant exil élevant leur voix indépendante (4) ?

M. de Vatisménil veut que nous fuyions la carrière de la politique. Mais comment *le flambeau du gouvernement* brillera-t-il dans cette carrière déserte ?

Il nous exhorte à cultiver les sciences et les arts. Mais ne serait-il pas un peu triste d'être réduits à des poésies légères au moment de l'élection de nos députés et à des expériences sur l'oxygène, quand il sera question de la liberté individuelle et du jugement par jurés.

Il nous permet de travailler à l'amélioration des codes. Mais « censurer une loi que le Roi a

---

(1) Moniteur du 30 janvier 1817.

(2) Discours de M. de Cazes.

(3) Discours de M. Ravez.

(4) Discours de M. Camille-Jordan.

» sanctionnée, c'est accuser le Roi de manquer » de lumières, et commettre le délit prévu par » la loi du 9 novembre » (1). Les codes ne se composent-ils pas de lois sanctionnées? Comment éviter de censurer ces lois sanctionnées, en travaillant à l'amélioration des codes?

Il nous accorde des spéculations sur la morale. Mais M. l'avocat du Roi près la cour royale a découvert un tort dans l'éloge de la probité.

Il nous invite à raffermir les saines doctrines. « Là, dit-il, au lieu de péril, nous trouverons la » gloire ». Raffermir les saines doctrines sans les discuter, trouver la gloire dans un monologue, et en défendant des opinions, quand les opinions contraires n'osent se montrer? M. l'avocat du roi ne s'aperçoit pas que son zèle met obstacle au nôtre; son assistance non sollicitée nous force à l'inaction; nous ne pouvons entrer dans une carrière où nos contradicteurs seraient accablés du poids de l'autorité; et nul écrivain qui se respecte, ne défendra même les saines doctrines contre des adversaires qu'un avocat du Roi guette et que la prison attend.

Je le reconnais avec plaisir, M. l'avocat du roi

---

(1) Discours de M. de Vatisménil contre M. Chevalier. Moniteur du 23 avril.

près la cour royale, est un peu moins sévère : « Parlez, écrivez, dit-il aux auteurs. Dites la vé» rité au Roi, aux chambres, aux ministres. Sa» vez-vous où est votre garantie? Elle est dans » l'amour du bien public » (1).

L'amour du bien public est sans doute un puissant motif d'écrire ; mais l'expérience a malheureusement prouvé que ce n'était pas toujours une garantie sûre pour ceux qui écrivaient. Il y a des pays et des époques où cette garantie n'a eu que peu d'efficacité. Je croyais, j'en conviens, en avoir quelques autres. Je croyais avoir des garanties dans la charte, dans les déclarations du Roi, dans les promesses solennelles des ministres; je le crois encore, et je serais un peu désappointé de me voir réduit tout-à-coup aux garanties que me donnerait mon amour du bien public contre tel pouvoir, auquel j'aurais peut-être, par amour du bien public, le malheur de déplaire.

« Un auteur est traduit en justice, continue » M. l'avocat du Roi; quel est donc son délit? » Il a fait une brochure. Grande consternation » dans la république des lettres..... C'est bien

---

(1) Discours de M. Hua contre M. Chevalier. Moniteur du 15 juin.

» la peine d'avoir une constitution; car il est clair
» qu'une constitution n'a été faite que pour donner la liberté d'écrire et de parler sur tout ce
» que l'on voudra. »

Une constitution n'a point été faite uniquement pour donner *la liberté d'écrire et de parler sur tout ce que l'on voudra*; une constitution a été faite pour assurer tous nos droits, et celui d'écrire et de parler comme tous les autres. Une constitution a été faite pour être observée.

Il n'y a point une grande consternation dans la république des lettres, parce qu'un auteur est traduit en justice. Les auteurs savent qu'ils sont responsables. Mais si un auteur mis en jugement était privé plus qu'un autre citoyen des garanties protectrices; si le ministère public le traitait avec dédain dans la forme, et avec iniquité dans le fonds; si des intentions qu'il n'a point eues lui étaient attribuées; si des lois qui ne devraient point l'atteindre lui étaient appliquées; si des peines qu'il ne mérite pas le frappaient, comme l'injustice exercée envers un seul membre du corps social les menace tous, comme l'arbitraire est contagieux, comme la charte serait violée, il y aurait alors, et avec raison, une grande consternation, non-seulement dans la république des lettres, mais parmi tous les vrais amis du gouvernement et de la patrie, parmi tous les esprits éclairés.

« Cependant il faut que l'Etat subsiste, » dit M. l'avocat du Roi « *primo vivere.* » Certes tout le monde desire que l'Etat subsiste : la sûreté de tous est dans l'existence de l'Etat : Mais tout le monde sait, par une triste expérience, que l'Etat n'a qu'une existence précaire, quand on s'écarte des lois, ou qu'on les applique à faux, ce qui est les détruire. Tout le monde sait de plus, que le *primo vivere*, dont la traduction française est connue, est de tous les prétextes le plus flexible et le plus dangereux.

Pour l'intérêt du repos, comme pour celui de la liberté, pour le trône comme pour le peuple, revenons à des maximes plus simples, plus constitutionnelles, et sur-tout plus franches. Cette question de la presse, éternelle quand on la conteste, funeste quand on veut lui échapper par l'artifice, est en même temps de la solution la plus facile, si l'on veut y mettre de la loyauté.

Depuis 1789, époque à laquelle les principes furent posés, l'on s'en est écarté sans cesse, et le malheur a suivi de près la faute. Je ne suis pas seul à le dire, je puis invoquer une autorité bien plus imposante que la mienne, et sous le rapport de la position, et sous celui des preuves d'attachement données au Gouvernement qui nous régit.

« J'ai toujours été fermement persuadé » disait, à la chambre des pairs, le 28 février dernier, M. le maréchal duc de Tarente « que » le repos général de la France n'avait d'autre » garantie que l'inviolabilité de la charte. Ma » conviction à cet égard s'est manifestée dans » toutes les occasions, où j'ai cru reconnaître » que l'on s'écartait de son esprit et de ses » principes, et notamment à cette même tri- » bune, le 30 août 1814, *dans la discussion* » *sur la liberté de la presse*. Il est trop vrai » que les inquiétudes *qui se répandirent alors* » sur la crainte d'altération à la charte, sur la » stabilité des lois et des institutions nouvelles, » préparèrent en secret, et favorisèrent les dé- » sastreux événemens qui ont ouvert l'abîme où » la patrie a été plongée. »

Etablissons donc une théorie libérale et rassurante. Cela est facile. Il suffit de prendre le contrepied de tout ce qui s'est fait dans les deux procès que je viens d'examiner.

Au lieu d'interpréter péniblement, et d'une manière subtile et forcée, des phrases isolées, pour trouver les écrivains en défaut, jugeons des ouvrages par l'esprit et par la tendance de leur ensemble.

Confions à des jurés le jugement de ces causes. La preuve est acquise, que si la garantie que les auteurs ne seront soumis qu'aux tribunaux est un commencement de liberté de la presse, ce n'est encore qu'un commencement. Il peut y avoir moins de liberté sous les tribunaux que sous la police. Car si l'on persistait dans le mode de procéder qui a été suivi, il y aurait de moins, constitutionnellement, la responsabilité du ministre, et moralement, cette modération possible de l'arbitraire, quand il est dans la main d'un homme, dernière ressource qui disparaît quand l'arbitraire est dans les organes de la loi.

J'ai déjà prouvé, dans les pages précédentes, combien les jurés étaient indispensables. J'ajouterai deux considérations qui démontreront qu'il est dans l'intérêt du Gouvernement de les établir.

1°. Les jugemens des tribunaux contre les écrivains que l'autorité dénonce, n'ont point sur l'opinion publique l'autorité du jugement par jurés. Cette opinion ombrageuse soupçonne toujours les tribunaux, dans les causes qui tiennent à la politique, d'être dévoués au Gouvernement. Elle respecte dans les jurés l'indépendance de la condition privée, de laquelle ils ne sortent que momentanément, et dans laquelle ils rentrent.

2°. Si les tribunaux acquittent les écrivains accusés par l'autorité, il s'établit entre eux et le Gouvernement, une hostilité au moins apparente, et qui est toujours fâcheuse, quand elle se place dans des corps inamovibles. Rien de pareil n'est à craindre de la part des jurés, simples citoyens, redevenant tels après le jugement, et ne formant point un corps.

Reconnaissons qu'on peut attaquer les ministres sans attaquer le Roi. Ne réclamons pas pour eux une inviolabilité que la constitution leur refuse.

Restons fidèles à nos lois actuelles, en leur donnant plus de précision et plus de douceur (1).

---

(1) Il est impossible par exemple de laisser subsister dans notre code sur la presse la disposition qui rend justiciabels des tribunaux *les écrits livrés à l'impression*. Un auteur qui livre à l'impression un ouvrage peut vouloir le modifier pendant l'impression. Alors, en jugeant son manuscrit, vous le jugeriez sur une intention qu'il n'a pas eue, et sur un écrit qu'il ne voulait pas faire paraître dans l'état où vous le trouvez. Je puis me citer pour exemple. Croyant utile de soumettre au public ces observations, dans un moment où beaucoup de livres sont saisis, beaucoup d'ecrivains mis en jugement, j'ai envoyé à l'impression chaque page de cette brochure sans la relire. Je ne l'ai corrigée que sur les épreuves. Beaucoup d'expres-

N'exhumons pas les lois anciennes, arsenal ignoré, où des réglemens barbares resteraient en embuscade, pour apparaître au premier signal.

Ma tâche est remplie. Je crois avoir respecté les personnes et les choses qu'on doit respecter. Même en indiquant ce qui m'a paru être des erreurs dans quelques-uns de nos magistrats, j'ai déclaré que leurs intentions ne devaient point être jugées d'après ces erreurs.

La liberté des individus est suspendue. Les journaux sont dans la main de l'autorité. Les chambres séparées interrompent le droit de pétition. La liberté des livres est la seule qui nous reste. J'ai dû essayer de la défendre.

---

sions trop fortes, ou dont le sens était équivoque ont été retranchées. Si l'on m'avait jugé sur ce manuscrit, livré à l'impression, on m'aurait jugé sur un livre que je ne voulais pas publier.

TABLE

DES MATIÈRES.

www.ingramcontent.com/pod-product-compliance
Ingram Content Group UK Ltd.
Pitfield, Milton Keynes, MK11 3LW, UK
UKHW020928180726
13838UKWH00002B/819